世界五千年
科技故事丛书

卢嘉锡题

世界五千年科技故事丛书

现代科学的最高奖赏

诺贝尔奖的故事

丛书主编　管成学　赵骥民

编著　杨熹洁

吉林出版集团｜吉林科学技术出版社

图书在版编目（CIP）数据

现代科学的最高奖赏：诺贝尔奖的故事 / 管成学, 赵骥民
主编. -- 长春：吉林科学技术出版社，2012.10（2022.1重印）
ISBN 978-7-5384-6147-3

Ⅰ.① 现… Ⅱ.① 管… ② 赵… Ⅲ.① 诺贝尔奖－通俗读物
Ⅳ.① G321.2-49

中国版本图书馆CIP数据核字（2012）第156344号

现代科学的最高奖赏：诺贝尔奖的故事

主　　编	管成学　赵骥民	
出 版 人	宛　霞	
选题策划	张瑛琳	
责任编辑	张胜利	
封面设计	新华智品	
制　　版	长春美印图文设计有限公司	
开　　本	640mm×960mm　1 / 16	
字　　数	100千字	
印　　张	7.5	
版　　次	2012年10月第1版	
印　　次	2022年1月第4次印刷	

出　　版　　吉林出版集团
　　　　　　吉林科学技术出版社
发　　行　　吉林科学技术出版社
地　　址　　长春市净月区福祉大路 5788 号
邮　　编　　130118
发行部电话 / 传真　0431-81629529　81629530　81629531
　　　　　　　　　　81629532　81629533　81629534

储运部电话　0431-86059116
编辑部电话　0431-81629518
网　　址　　www.jlstp.net
印　　刷　　北京一鑫印务有限责任公司

书　　号　　ISBN 978-7-5384-6147-3
定　　价　　33.00元

序　言

十一届全国人大副委员长、中国科学院前院长、两院院士

路甬祥

　　放眼21世纪，科学技术将以无法想象的速度迅猛发展，知识经济将全面崛起，国际竞争与合作将出现前所未有的激烈和广泛局面。在严峻的挑战面前，中华民族靠什么屹立于世界民族之林？靠人才，靠德、智、体、能、美全面发展的一代新人。今天的中小学生届时将要肩负起民族强盛的历史使命。为此，我们的知识界、出版界都应责无旁贷地多为他们提供丰富的精神养料。现在，一套大型的向广大青少年传播世界科学技术史知识的科普读物《世

界五千年科技故事丛书》出版面世了。

由中国科学院自然科学研究所、清华大学科技史暨古文献研究所、中国中医研究院医史文献研究所和温州师范学院、吉林省科普作家协会的同志们共同撰写的这套丛书，以世界五千年科学技术史为经，以各时代杰出的科技精英的科技创新活动作纬，勾画了世界科技发展的生动图景。作者着力于科学性与可读性相结合，思想性与趣味性相结合，历史性与时代性相结合，通过故事来讲述科学发现的真实历史条件和科学工作的艰苦性。本书中介绍了科学家们独立思考、敢于怀疑、勇于创新、百折不挠、求真务实的科学精神和他们在工作生活中宝贵的协作、友爱、宽容的人文精神。使青少年读者从科学家的故事中感受科学大师们的智慧、科学的思维方法和实验方法，受到有益的思想启迪。从有关人类重大科技活动的故事中，引起对人类社会发展重大问题的密切关注，全面地理解科学，树立正确的科学观，在知识经济时代理智地对待科学、对待社会、对待人生。阅读这套丛书是对课本的很好补充，是进行素质教育的理想读物。

读史使人明智。在历史的长河中，中华民族曾经创造了灿烂的科技文明，明代以前我国的科技一直处于世界领先地位，涌现出张衡、张仲景、祖冲之、僧一行、沈括、郭守敬、李时珍、徐光启、宋应星这样一批具有世界影响的科学家，而在近现代，中国具有世界级影响的科学家并不多，与我们这个有着13亿人口的泱泱大国并不相称，与世界先进科技水平相比较，在总体上我国的科技水平还存在着较大差距。当今世界各国都把科学技术视为推动社会发展的巨大动力，把培养科技创新人才当做提高创新能力的战略方针。我国也不失时机地确立了科技兴国战略，确立了全面实施素质教育，提高全民素质，培养适应21世纪需要的创新人才的战略决策。党的十六大又提出要形成全民学习、终身学习的学习型社会，形成比较完善的科技和文化创新体系。要全面建设小康社会，加快推进社会主义现代化建设，我们需要一代具有创新精神的人才，需要更多更伟大的科学家和工程技术人才。我真诚地希望这套丛书能激发青少年爱祖国、爱科学的热情，树立起献身科技事业的信念，努力拼搏，勇攀高峰，争当新世纪的优秀科技创新人才。

目　录

世人瞩目斯德哥尔摩

　　每年的12月初，世界各国的目光都注视着瑞典王国的首都斯德哥尔摩。这座城市坐落在14个小岛和半岛上，东临波罗的海，西接一望无际的梅拉伦湖。市内水道纵横，由70座桥梁相连接。它以"北欧的威尼斯"、"水上之城"而闻名遐迩。在大西洋暖流的影响下，这里冬季并不十分寒冷，空气潮湿，清晨常常笼罩着薄雾。雾散之后，树枝上留下蓬松的雾凇，在阳光下显得格外洁白而纯净。

　　在这座风光旖旎的海滨城市中心，有两座建筑物十分令人瞩目。

一幢是位于霍克广场的斯德哥尔摩音乐厅。这是一幢灰色花岗岩的建筑物。门前石阶宽阔，合抱的大圆柱石并排挺立。大门右侧是一尊奥菲乌斯神*在弹拨竖琴的巨大青铜塑像，它把整座建筑衬托得更加典雅和壮观。

另一幢是紧靠梅拉伦湖北端湖滨的斯德哥尔摩市政厅。它是一幢红褐色的砖砌的华丽大厦，中央是一个开阔的四方庭院，一座塔楼在庭院的背侧拔地而起。绿色的塔顶上有一个镏金的圆弯形塔尖，塔尖上装饰着熠熠发光的镏金三王冠，它的最高点达106米。这座建筑内的蓝厅、金厅、王子画廊，各具特点。金厅的墙壁镶嵌着和瑞典人口相等的860多万个小金块，金光闪闪，光彩照人。蓝厅以大理石铺地，厅内以蓝色为基调，可以举行1 500人的宴会。

1896年12月10日，瑞典的伟大科学家诺贝尔在意大利的圣雷莫逝世。为纪念他，从1901年起，每年的

*希腊神话中诗歌与吟唱之神。这尊像由瑞典最著名的雕刻家卡尔·密勒（1875—1955）塑造。

12月10日作为举行诺贝尔奖颁发仪式的日子。

这一天到来时，斯德哥尔摩音乐厅和市政厅都披上节日的盛装，来自世界各国的著名科学家、文学家等各界名流云集这里，举行盛大庆典。各国的新闻传播媒介竞相报道，许多国家的电视台通过卫星做实况转播。自从1901年起至今的100多年间，除了在第二次世界大战中暂停3年以外，每年都坚持举行发奖仪式。

下午4时30分，颁奖仪式在音乐厅开始，获奖者身着黑色礼服，就座于主席台荣誉席。仪式开始后，诺贝尔基金会主席致词，诺贝尔奖各项评委会代表介绍获奖者的成就和贡献。然后，瑞典国王颁发奖章、证书和奖金。仪式在瑞典国歌声中结束。

颁奖仪式隆重而严肃。诺贝尔基金会的工作人员说，这是对知识的尊重，对为人类作出巨大贡献人的尊重。举行仪式的大厅里灯火通明，松柏要放在规定的位置，白花和黄花必须从意大利的圣雷莫空运而来。出席仪式和参加宴会的人，男士要穿燕尾服或民族服装；女士要穿庄重的晚礼服。在仪式进行中，大家都自觉地不说话、不走动，甚至强制不咳嗽。

晚上，在市政厅的蓝厅举行盛大的庆祝宴会和舞会。宴会自始至终乐曲回荡，著名歌唱家的演唱，使气氛更加热烈而隆重。来宾包括瑞典皇室成员、内阁大臣、科技界和文化界知名人士、获奖国家驻瑞典大使和重要的瑞典及外国记者。晚7时整，宴会正式开始，古朴典雅的宴会厅烛光通明，绚丽多彩。国王、王后、皇室成员、诺贝尔获奖者和他们的家属、诺贝尔基金会主席等在主桌就座。冰清玉洁的6座水晶塔，摆在主桌的两端，象征5项诺贝尔奖和诺贝尔经济学纪念奖，以示人们对获奖者的尊重。餐具是金银或瓷质的，菜肴并非山珍海味，而且年年都是三道菜。为增加宴会的神秘感，菜单每年都有变化，而且事前严加保密。每上一道菜，乐声响起，服务员排着长队，右手托盘，向各桌上菜。诺贝尔获奖者依次在掌声中发表简短的讲话。

瑞典国王和王后举行的宴会，资金由谁来出呢？原来，除诺贝尔获奖者和他们的家属以及少数特邀的客人外，出席宴会的人，不论地位高低，都要自己掏腰包。1991年是1 200瑞典克朗，1992年是1 500瑞典克朗。也就是说，这个数目是随物价的上涨而提高的。对此，瑞典的纳税人满意，称赞国王和王后没有动用国家的公款，客人们也不认为是"小气"，反而觉得别有韵味。

与此同时，在挪威首都奥斯陆的市政厅，举行和平奖的颁发仪式。挪威国王和王后，内阁大臣、政界、文化界知名人士以及外交使节出席。与在瑞典的仪式不同，证书、奖章和奖金，由挪威诺贝尔委员会主席颁发。

诺贝尔奖是一项重要的世界性奖。获奖不仅是得主本人的荣誉，也是他的国家的荣誉。同时，诺贝尔的名字，随着一年一度的盛典不断向全世界颂扬，激励人们为科学事业而献身。

诺贝尔的成就与遗嘱

1833年10月21日，阿尔弗雷德·诺贝尔（AIfred Bernhard Nobel）出生在瑞典首都斯德哥尔摩。他一生中的大部分时间是在外国度过的，所以，被人称为"国际公民"，但他从未放弃瑞典国籍。

诺贝尔并不是个幸运儿。他出生时，父亲伊曼努尔·诺贝尔的产业就被大火烧了个精光。全家人不得不搬到斯德哥尔摩的诺曼斯坦街9号。诺贝尔就是在这里出生，并度过了他的童年时光。

为了重整家业，伊曼努尔在住房的后院搭起了一个简易棚，狂热地搞起新发明。当时，贯通大西洋与印度洋的苏伊士运河工程正准备实施，这使伊曼努尔找到了发明的方向。他要发明一种高效炸药，应用到运河、隧道和筑路工程上。要知道，人类在没有高效炸药之前的几千年里，建筑工程速度的缓慢令人难以忍受。克劳迪亚斯一世下令开凿一条3英里长的运河，为福齐诺地区排水之用。3万名工人干了11年才竣工。从16世纪到17世纪，一条穿越哈尔茨山脉的5英里长的隧道，竟开凿了150年之久！资本主义大工业的迅速发展，使交通运输变得越来越重要，人们不能再按照蜗牛般的速度去开凿运河和建筑公路了。不仅如此，采矿业也对科学技术提出了严重的挑战：如果有一种烈性炸药，能够在关键部位炸开岩石，就能使从17世纪以来日益衰落的瑞典铁矿开采业重新振兴。开凿和开采业的需要使伊曼努尔埋头于他的炸药实验中。但是周围的人不能理解他的工作，认为这将危及大家的安全，他的实验被当局禁止了。他不得不离开瑞典去了彼得堡，在俄国人的资助下继续他的事业。

几年以后，伊曼努尔终于成功地发明了使一连串地雷同时引爆的装置。这对于守卫城堡相当有用。为此他得到一笔相当可观的报酬，一家人的境况因此有了很大改变。

阿尔弗雷德·诺贝尔9岁时随母亲、哥哥们，移民俄国的圣彼得堡，与父亲住在一起。

诺贝尔从小是个体弱多病的孩子，多亏母亲的悉心照料，他才活了下来。关于幼年时的情况，诺贝尔曾写道：

"我的摇篮像是临危病人的床，

母亲忧心忡忡守护在一旁，

她要挽救那闪烁着余晖的生命之火，

却难使我从险境挣脱。"

童年的大部分时间，他是躺在床上或待在房间里度过的。然而，这并未影响他的智慧。他聪明好学。除瑞典语外，随着年龄的增长，他还学会了讲流利的俄语、英语、法语和德语。他少年时被父亲送到法国学化学。因此，他用法文写作得心应手；他写的英文书信具有19世纪英国诗人拜伦和雪莱的风格；他用瑞典文给母亲写信，以此表达对母亲和祖国的热爱。在国外的刻苦研读使他羽翼渐丰。23岁时，他已成为父亲的助手，能独当一面地进行工作了。为了父亲事业的要求，诺贝尔不停地实验着他的新型甘油炸药。1863年10月14日，他的硝酸甘油制品终于在瑞典获得一项专利权。接着在法国、英国和比利时也得到专利权。他总算初步成功了。然而这成功来得并不容易，他记不清失败过多少次，他永远也忘不了失败时父亲的嘲笑声，那冷冷的笑声一直留在他心中，激励着他去搏击，去勇往直前。

同炸药打交道，无异于与死神打交道。不知什么时候，死神会拉他下地狱。1864年9月3日，实验正在进行时，发生了硝酸甘油大爆炸，诺贝尔的海仑堡实验室被炸得没了踪影。包括他21岁的小弟弟埃米尔·奥斯卡在内的4个人当场被夺去生命。诺贝尔当时恰好外出去城里，才幸免于难。这场爆炸吓坏了周围的居民。他们向诺贝尔提出抗议，甚至建议政府不准他在市内进行实验。警方传讯了诺贝尔，他的父亲又因失去心爱的小儿子悲伤过度而病倒了。硝酸甘油把诺贝尔带到了灾难面前。但是诺贝尔没有退缩，他在悲痛之后清醒地认识到，威力强大的爆炸物，最后必将造福于人类。况且为了凿通苏德曼姆山的隧道，铁路公司正等着硝酸甘油炸药交货，而那批货恰好被炸个精光。

他不能中止自己的事业。

诺贝尔买下了一条驳船，把研究和生产炸药的主体部分安装在船上，这样一来对周围的威胁就小了。但是人们还是不放心，要求当局勒令这条"瘟神船"开走。没有办法，诺贝尔只好让人把船拖到湖心，在那里继续他的研制工作。

坚定的信念，顽强的毅力，置生死于不顾的献身精神，这些都是成功者必备的素质。经过多年的艰苦努力与奋斗，诺贝尔终于成功了。他先后发明了引爆炸药的雷管、黄色炸药、无烟火药等。一项又一项的发明从诺贝尔的手中奉献出来，这是奠定现代炸药化学基础的最重要的发明。它的威力立刻显示出来。1830年的普法战争，普鲁士之所以打败法国，很大程度上得益于诺贝尔的甘油炸药。

1868年，诺贝尔和父亲同时获得瑞典学院的莱特斯特奖。荣誉和财富纷纷向诺贝尔涌来，他成为伦敦皇家学会、巴黎土木工程师学会及瑞典皇家科学会的会员；瑞典的北极星勋章、巴西的玫瑰勋章、法国勋章等也都相继授予他。他在美国、英国、瑞士、意大利、葡萄牙等国设立了工厂。他还同哥哥一起成立了石油公司，开发巴库油田，成为石油企业家。

　　诺贝尔在致力于物理学、化学的实验和研究的一生中，取得了卓著成果，发明专利350多项，至今仍是世界上发明成果最多的科学家。同时，他还被人们称为"欧洲最富有的单身汉"。他在巴黎的恋人通知他说，她将要辞职去结婚。他善意地询问她，想要件什么东西作为结婚礼物。这位机灵的法国厨师姑娘大胆地提出，想要"诺贝尔先生本人一天所挣的钱"。诺贝尔接受了这个要求。但他感到既有趣又为难，他还不知道自己一天能挣多少钱。在对这个脑子里从没有装过的问题进行了几天计算之后，他说："答应过的事情就得照办。"于是，他给了她4万法郎，光靠这笔钱的利息，她就能安安乐乐地过上一辈子了。

　　但是，成就、财富和荣誉给诺贝尔带来的并不是巨大的喜悦，相反更加剧了他的内心矛盾。他心灵世界既丰富而又复杂。如今由于发明被用于战争的炸药而成为巨富，要终止事业是不可能的了。他的性格矛盾与人格冲突更加激烈，更加明显了。他在一份自传提纲中是这样写的：

　　阿·诺贝尔呱呱坠地之际，一个仁慈的医生就该及早结束他多灾多难的生命。

　　主要优点：平素清白，从不牵累别人。

　　主要缺点：未娶，无家室，易发脾气，消化不良。

　　唯一愿望：不要被人活埋。

　　最大罪过：不向财神顶礼膜拜。

　　一生重要事迹：无。

　　他还说过："这些是不够呢，还是太多了呢？在我们这个时代，有哪些事迹，才能叫做'重要事迹'呢？在我们这个被称为银河的小小星系中，就有几百亿颗恒星的存在，而这尚且是毫无意义的，如果它们知道整个宇宙范围的话，它们将因为自己的渺小而感到羞耻。"

在轻松的语言背后，是一颗多么沉重的灵魂！他对自己的事业、人生、社会与世界的思考，最后升华为一种宇宙意识了。

1896年12月10日，孤独的阿尔弗雷德·诺贝尔在意大利西部著名的疗养地圣雷莫悄然死去。他死的时候，他所发明的炸药已经广泛应用到工业、矿业、交通业和各种战争中，全世界都响着诺贝尔炸药那震耳欲聋的爆炸声。

第二天，他的两个侄儿和他的私人秘书拉·索赫尔曼从瑞典赶到。为了寻找叔父遗嘱的线索，两个侄儿翻阅着他的全部私人卷宗。这时，突然接到斯德哥尔摩一家银行发来的电报。电报说：阿尔弗雷德的遗嘱存放在银行的保险柜里，现已打开。

当这份使人牵肠挂肚的遗嘱展现在人们面前时，一个史无前例的奇迹立刻惊动了全世界。根据当时估计，他的遗产约有3 300万克朗（瑞典币，约折合900万美元）。他把其中的小部分赠予亲友，大部分财产另作安排。诺贝尔在遗嘱中写道：

在此我要求遗嘱执行人以如下方式处置我可以兑换的剩余财产：将上述财产兑换成现金，然后进行安全可靠的投资；以这份资金成立一个基金后，将基金所产生的利息每年奖给在前一年中为人类作出杰出贡献的人。将此利息分成五等份，分配如下：一份奖给在物理界有最大发现或发明的人；一份奖给在化学上有最重大发现或改进的人；一份奖给在医学和生理学界有最重大发现的人；一份奖给在文学界创作出具有理想倾向的最佳作品的人；最后一份奖给为促进民族团结友好、取消或裁减常备军队以及为和平会议的组织和宣传尽到最大努力或作出最大贡献的人。……对于获奖候选人的国籍不予任何考虑，也就是说，不管他或她是不是斯堪的纳维亚人，谁符合条件谁就应获得奖金。

诺贝尔的亲属们目瞪口呆了。由于种种原因，他们对于诺贝尔把大量遗产用来颁发物理学、化学、生理学和医学、文学、和平等5项奖，心里感到不愉快。诺贝尔遗嘱中把拉·索赫尔曼作为遗产受托人，也是出乎他们意料的。

拉·索赫尔曼是一位工程师，也是诺贝尔晚年最忠实的朋友。

1893年9月的一天，拉·索赫尔曼正在美国芝加哥世界博览会的瑞典展室工作，突然收到诺贝尔发给他的电报，要他火速到诺贝尔的巴黎住所报到，做他的助手。他喜出望外，为能到诺贝尔身边工作而高兴。他虽然没有见过诺贝尔，但对这位炸药大王和百万富翁却是早有所闻。事后他了解到这是他的童年朋友诺贝尔的侄儿卢德维格推荐的。

拉·索赫尔曼见到了诺贝尔，心里十分紧张，诺贝尔在同他接触的几天中，发现他的英文、法文、德文、俄文以及瑞典文的语言水平不高，不能胜任日常事务工作。一星期后，诺贝尔决定把他送到意大利圣雷莫实验室搞化学研究工作。诺贝尔发现他具有突出的品质：异常聪明、诚实忠厚、技术能力强等。虽然当时诺贝尔已年过60岁，而拉·索赫尔曼才25岁，但他们之间却很快建立起深厚的友谊。诺贝尔对他说："我几乎把你当成了我的一位年轻的亲属。"

他们之间的友情只延续了3年，诺贝尔就与世长辞了。作为遗产的受托人，拉·索赫尔曼感到力不从心，夜不能寐。但是，作为诺贝尔的忠实朋友，他最终还是承担了这一艰巨任务。拉·索赫尔曼为捍卫和实现诺贝尔的遗嘱，百折不挠，解决了诺贝尔奖颁发的许多问题，如确定诺贝尔奖颁发对象、诺贝尔的国籍、建立评奖委员会、汇集诺贝尔的遗产等。

1901年12月10日，每一次颁发诺贝尔奖。瑞典国王奥斯卡把奖章、证书、奖金授予获奖者，获奖者深感无比荣幸。现在，诺贝尔奖是世界上自然科学、文学、和平事业的最高奖，几乎人人皆知。如果没有拉·索赫尔曼坚持不懈的努力，一年一度地颁发诺贝尔奖，也许就不可能成为现实。

拉·索赫尔曼已经去世，他对实现诺贝尔奖的颁发所作出的贡献，将永远载入诺贝尔奖的史册中。他的孙子迈可尔·索赫尔曼在1992年被任命为诺贝尔基金会主任。他表示，要继承祖父的遗志，做好诺贝尔奖的评定和颁发工作。

诺贝尔基金会的组织形式及奖金发放

　　诺贝尔基金会，是根据阿尔弗雷德·诺贝尔遗嘱的规定建立起来的。这份遗嘱于1895年11月27日，也就是在他1896年12月10日去世前大约一年的时间，于巴黎签署的。管理这个基金会和奖金颁发机构的章程，是由瑞典王国于1900年6月29日在议会发布的。因此，这个基金会的出现，是在阿尔弗雷德·诺贝尔死后大约3年半的事情。

　　受这一章程的制约机构：

1. 诺贝尔基金会及其理事会和董事会；

2. 四个奖金颁发机构：瑞典皇家自然科学院、皇家卡罗琳医学院、瑞典科学院和挪威议会的诺贝尔委员会；

3. 五个诺贝尔委员会，分别负责每项奖金事务（其中包括上面提到的挪威议会的那个委员会，它本身就是一个奖金颁发机构）；

4. 四个诺贝尔学会，分别对每家奖金颁发机构负责。

5个诺贝尔委员会各有3—5名成员，分别由所属的机构指定。每个委员会可以召集专家参加评议和推荐工作，在某些情况下，它们可以增选临时委员，临时委员有权参与决定。委员和专家们，可以从超出奖金颁发机构本身的范围去挑选，而且不分国籍。委员会的职能是为对口的相应奖金颁发机构，进行筹备工作和提供咨询意见；但挪威委员会由于本身就是奖金颁发机构，因此其职能有所例外。

诺贝尔学会分别由每个奖金颁发机构建立，以便对奖金的执行过程，进行必要的调查，并以各种方式推行基金会的宗旨。后一项职责现在变得更加重要。这些协会及其写在括号里的成立年份如下：

自然科学院诺贝尔学会（1905），下设物理学部（1937）和化学部（1944）。

卡罗琳医学院诺贝尔学会，下设生物化学学部（1937）、生理神经学部（1945）和细胞研究与遗传学学部（1945）。

瑞典科学院诺贝尔委员会，下设诺贝尔现代文学图书馆（1901）。

挪威诺贝尔学会，下设一座收藏关于和平与国际关系方面书籍的图书馆（1902）。

诺贝尔学会的负责人和职员，由奖金颁发机构讨论选择。这些任命均不分国籍。

诺贝尔基金会的理事，由各奖金颁发机构挑选，总共有15名理事，每个奖金机构挑选3名。理事们选举产生基金会的董事会成员，但正副董事长不在此内，他们是由瑞典政府任命的。理事会的其他主要任务是审阅董事会的年度报告及审计员们的财务报告，并对董事会当年的工作进行审核批准。

　　基金会的董事会，由5名董事和3名副董事组成。他们从董事会的成员中，选举1名执行主任。董事会的主要任务是管理基金和基金会的其他财产。

　　执行主任是基金会的行政负责人。他负责起草基金会投资政策的基本方向，就投资和人事等问题向董事会提出建议以及管理基金会的各项财产。他还负责在斯德哥尔摩举行的隆重授奖仪式的安排工作。在历任执行主任中，最杰出的是拉·索赫尔曼。索赫尔曼先生从基金会的开始，直到1948年去世，曾在基金会里担任过不同的职务，应该说他在工作中，始终贯彻执行阿尔弗雷德·诺贝尔的精神。基金会的存在，在很大程度上由于他的执行这项遗嘱方面，所具有的严肃、热情和所进行的献身工作。随着他的去世，将基金会与这位捐献者联系起来的最后一个人，也就不复存在了。

　　自从1926年以来，基金会在斯德哥尔摩有了自己的办公大楼，即坐落在斯图尔街14号的诺贝尔大厦。

　　从阿尔弗雷德·诺贝尔的遗产接收过来的钱，总共有3 100多万瑞典克朗。根据章程规定，这笔钱的大部分用作"主要基金"（即奖金基金，约2 800万克朗），剩下的一小部分，用来设立"建筑物基金"（行政大楼和每年举行授奖仪式用的大厅租金）和"组织基金"，5项奖金部门各有一份"组织基金"，用来支付各自的诺贝尔学会的组织费用。

主要基金的增长，是通过每年将它在当年所获净收入的1/10作为附加资金，通过无法分配的奖金的利息以及通过把这些无法分配的奖金的全部或部分（不低于1/3），交付主要基金作为资本而取得的。每年将主要基金得到的净收入，扣除前面所提到的1/10，然后平均分成5份，交给各奖金颁发机构使用。各奖金颁发机构，都将自己分到的那份金额的1/4，留下作为与奖金颁发有关事宜的费用，其余部分则交给各自的诺贝尔学会，每份金额的3/4，构成奖金的款项。

除了组织基金之外，颁发各项奖金的部门，还用它们支配的"特别基金"和"储蓄基金"，作为规定范围之内某些特殊目的的费用。

一切基金和其他财产，均属诺贝尔基金会所有，并由它来进行管理。

总而言之，主要基金的收入，在减去32.5%（即10%的附加资本，加上剩下的90%中的25%，作为各奖金部门的经费），然后将它分成5个等份，就是每年颁发的诺贝尔奖金的金额。1901年第一次颁发的奖金，每份金额为15.8万瑞典克朗。1981年的奖金，在票面上要高出70%左右，为100万瑞典克朗，当然在实际价值上，却要比这个数字低得多。从1946年起，基金会的财产和由此而来的收入，除地方不动产税外，其他税款均被免除。在这之前，总共交出的税款达1 350万瑞典克朗。据了解，基金获得者的所在国家，或者在法律上，或者在事实上，也对这种奖金免收所得税。

基金会的投资政策，很自然地要把保持和增加它的基金，从而增加奖金的金额，作为头等重要的因素来制定。遗嘱本身曾指示执行人把剩余的财产投资到"安全的证券"方面，从而形成诺贝尔基金。在1901年最初为董事会制定的投资规则中，"安全的证券"这个提法曾根据当时的情况，被解释为意味着金边证券，或者以这类证券或不动产为抵押的贷款，而这类证券和不动产，主要是在瑞典和挪威发行或存在的。由于两次世界大战及其在经济和金融方面的后果所引起的变化，"安全的证券"这个提法，需要根据现有的经济条件的趋势，重新加以解释。因此，在基金董事会的要求下，原来对于投资的限制，已经逐渐有所放宽。根据这种情况。自1958年以来，基金会原则上可以不仅在证券和有担保的贷款方面投资，而且也可以自由地在不动产或股票方面投资。

然而，在对外国股票投资方面的某些限制，却仍然存在。这些改变的目的是，尽可能地保护住资本和收入。从而使奖金能够不因货币贬值而降低，并且能够抵得住贷款市场利率降低的情况，而不致使这项资本减少。基金会主要是在瑞典和挪威投资它的基金资本。在某种条件下，也在别的国家进行投资。

这份遗嘱确定了评判奖金的基本原则。遗嘱的执行人，奖金颁发机构的代表和诺贝尔家族的代表，曾共同为奖金实施制定了必要的指令。如前所述，这些指令包括在诺贝尔基金会的章程以及各种奖金颁发单位的特别规则里。根据指令，所有这些章程和规则，都是从1900年生效的（后来有些改动），并且根据关于这项遗嘱的纠纷所达成的一项协议，它们都经过了瑞典政府的批准。

按照遗嘱的规定，奖金将授给那些在前一年里给予人类以最大利益的人：不分国籍，只看功绩。在文学方面，诺贝尔曾规定把奖金授给"带有理想主义倾向的最杰出的著作"。

根据实施指令，"前一年"这3个字。不一定局限于只考虑在那个时间之内所作出的成就；也可以包括那些其重要性直到一年前还没有显露出来的成就。另外一个评判条件是该项成就应该是已经发表出来的。

将文学限制于带有理想主义倾向的著作这条规定，曾使颁发这项奖金的瑞典科学院，经常处于为难状态；并且这项奖金引起了很多批评性的争论。开始的时候，这句话被狭义地按字义进行了解释，其结果是，使世界文坛很多名家一概落选。"带有理想主义倾向的著作"这个概念，后来逐渐有了改变，现在的那种广义解释，更多地是以其精神而不是以其文学为基础。

某些人已经有权推荐诺贝尔奖金获得者的候选人，而另外一些人则由于受到各奖金颁发机构的邀请，从而被授予这种权利。这两类提名人的选择，都是根据能力作出的；而对于后者，还要考虑其广泛性。各奖金颁发系统的规则略有差异，但在提名权属于个人而不属于科学院或其他机构这一点上，却是共同的。这是为了避免引起公开的讨论和投票，从而可能给那些潜在的获奖候选人造成不必要的难堪。任何对于诺贝尔奖金的毛遂自荐，都要被作为取消资格的一个理由，这在各授奖系统都是一致的。现将各授奖系统的资格规定，简要地分述如下：

物理学和化学

根据章程中第七款规定，下列人员有权推荐获奖人：

1. 皇家自然科学院的瑞典或外国院士；

2. 诺贝尔物理和化学委员会的委员；

3. 曾被授予诺贝尔物理或化学奖金的科学家；

4. 在乌普萨拉、隆德、奥斯陆、哥本哈根、赫尔辛基大学、卡罗琳医学院和皇家技术学院永久或临时任职的物理和化学教授，以及在斯德哥尔摩大学有永久性职务的这种学科的教员；

5. 根据使各国和它们的学术中心能够得到相宜名额分配的考虑，由皇家自然科学院选择至少6个大学或具有同等水平的学院，担任同类职务的人员；

6. 自然科学院认为可能符合邀请目的的其他科学家。

医学或生理学

下列人员有权提出获奖候选人名单：

1. 卡罗琳医学院教学机构的成员；

2. 皇家自然科学院医学部院士；

3. 以前的诺贝尔医学奖获奖者；

4. 乌普萨拉、隆德、奥斯陆、哥本哈根和赫尔辛基大学医学系的系务成员；

5. 由授奖单位根据使各国和它们的学术中心能够得到相宜名额分配的考虑，选择至少6个医学系的系务成员；

6. 授奖单位可能认为合乎邀请目的的其他科学家。

文学

享有获奖候选人推荐权的人员：

1. 瑞典科学院和其他在体制与目的方面与它相似的科学院、研究所和学会的成员；

2. 大学和大学学院的文学和语言学教授；

3. 以前得过诺贝尔文学奖金的人；

4. 在本国文学创作界有代表性的那些作家协会的主席。

和平

下列人员有权提名授予诺贝尔和平奖金的候选人名单：

1. 挪威议会诺贝尔委员会的现任或前任委员，以及挪威诺贝尔学会所任命的顾问；

2. 各国全国议会的议员和政府成员，以及议会联盟的成员；

3. 在海牙的国际仲裁法院的成员；

4. 国际和平委员会常务理事会的委员；

5. 国际权利协会的成员和联系成员；

6. 大学的政治科学、法律学、历史和哲学教授；

7. 曾经获得过诺贝尔和平奖金的人。

征求推荐奖金获得者候选人的邀请书，在颁发奖金前一年的秋天发出。推荐的名单，必须于授奖那一年的2月1日前，到达授奖机构的诺贝尔委员会。如果把推荐的名单送到了诺贝尔基金会的话，它们将被转交到相应的诺贝尔委员会那里。2月1日之后，各诺贝尔委员会立即开始对他们所收到的提名，进行初步的工作。被推荐的名单及他们所代表的国家，除和平奖金外，都有一种不断增加的趋势。

推荐的名单必须是书面的，并且要附带那种能够说明获奖理由的已经发表过的材料。如果提名没有及时交来，或者作为评判的材料不是用任何一种斯堪的纳维亚语言，或英语、法语、德语或拉丁语写的，并且在不付出很大麻烦和花费就无法利用的情况下，有关授奖单位就没有义务来考虑这一提名。

经过对被推荐的那些人的成就进行艰苦、细致的权衡之后，最后阶段的评判工作，便集中到少数几名候选人身上。如果必要的话，正像所提过的那样，可能请进另外一些专家参加评判，而且不管他们的国籍如何。在9—10月份，各委员会推荐的名单，要提交到各自的奖金颁发机构。各授奖系统最后作出决定的日子略有不同，但在11月15日以前，各项决定必须作出来。在通常情况下，奖金颁发机构会同意委员会的推荐，但例外的情况也并不是没有的。因此，直到授奖之前，谁也难以肯定得主是谁。奖金一般只发给个人，但和平奖金例外，它可以发给一个机构。对于这种奖，通常不许上诉反对。外交或政治方面对某位候选人的官方支持，对于奖金颁发不起影响作用。因为授奖机构在履行职责方面，是完全独立于国家之外的。

一份奖金，可能以几种方式分配：

1. 完全给一个人；

2. 由共同作出一项成就的两个或更多的人一起均摊；

3. 平均分配给两项成就：或者是每人一半，或者是有一个人摊到一半，而另一半给两名或更多的人共同分摊；或者每一半都由两名或更多的人分摊。

一份奖金，也可以留到第二年再发，或者根本不发，但要把它交回基金会。因此，每个授奖系统都可以在同一年内颁发两份奖金，那就是上一年留下来未发的奖金和当年该发的奖金。

在裁判过程中所发表的不同意见，均可不作记录，也不得泄露其内容。只有取得的决议，立即公之于众。各委员会的工作也都保密。对一项奖励所进行的讨论之所以不予公布，一方面是考虑到那些被议论的人的处境；另一方面则因为公众的舆论可能会对裁判产生影响。那些企图在一个所谓可以透露的时刻，前去探听秘密消息的做法，从来都没有产生过好结果。还有一点，那就是事先得到的任何情况，都可能被最高授奖机构所否定。因为他们并不一定会同意各委员会的推荐。

如果任何人拒绝接受诺贝尔奖金，或者在第2年的10月1日之前，还没有领取所获得的奖金，那么，奖金将交回基金会，并将在奖金获得者名单上予以注明。假如有人由于受到外部的威迫或压力，而拒绝接受奖金，但后来又愿意接受奖金，在这种情况下，他只能得到金质奖章和奖状，而不能领取奖金，因为这份奖金已经退还给基金会了。

每年12月10日，诺贝尔逝世周年纪念日，将在斯德哥尔摩和奥斯陆举行隆重的授奖仪式。作为惯例，奖金获得者要亲自出席这项仪式，以便领取他们的奖品，其中包括奖金、金质奖章和奖状。同时，奖金获得者通常要履行他们唯一被规定下来的义务，即在授奖仪式后的半年内，要作一次"诺贝尔报告"。

自从诺贝尔立下遗嘱后，情况的发展，特别是在自然科学领域的发展，比任何人所预见的都要快得多。但是，诺贝尔将遗嘱的规定写得非常灵活，以至于在授奖学科之间的很多新的边缘科学，也能够被解释为属于这些学科之一。与此同时，传统科学领域之间的界限，越来越变得模糊不清了。因此，从解释的角度看，就有可能在不改变科学奖金份数的情况下，扩大它们的适用范围。

另一种趋势是，科学研究越来越经常地被作为一项集体工作进行，或者由不同的科学家们在同一范围内分头进行研究。这一趋势，给奖金颁发机构带来越来越多的困难，从而也就随着出现某些连他们自己也不满意的现象。例如，有时要将一份奖金发给一人以上的情况。在一份奖金需要分成两份而不是联合授奖的情况下，尤其如此。在这种场合，每项成就都值得单独奖励，因此，本来可以授予全部奖金。在文学与和平奖方面，这个问题的影响要小得多。

现在更加要求那些奖金颁发机构，跟得上他们主管领域迅速扩展的进步情况，为了使诺贝尔奖金的声誉能够保持不变，关键的一环在于奖金颁发机构对于在越来越多的国家里和被扩大了的知识领域内，所出现的一切最新趋势都能紧跟不误。这就提高了对于奖金颁发机构的要求，并且增加了他们在工作中所需要的费用。

全世界对诺贝尔机构的工作所普遍表现出来的欣赏，对于机构工作者来说是一个巨大的鼓舞。他们也知道自己在维持这种奖金的国际威信以及其经济价值方面所负有的责任变得越来越重了。

1968年，瑞典银行在它成立300周年之际，决定设立"阿尔弗雷德·诺贝尔经济学院纪念奖金"。每年由这家银行提供与当年诺贝尔奖金相同金额的奖金，交由诺贝尔基金会统一使用。诺贝尔经济学奖金，由瑞典皇家科学院负责颁发，对获奖候选人的推荐、奖金的评判和授奖仪式等规则，基本与其他诺贝尔奖金一致。

第一位诺贝尔物理学奖
得主——伦琴

从1901年起至今的100多年里，已经有600多位专家、学者和著名人士获得各个领域的诺贝尔奖。1969年起又增设了经济学奖。评选工作除战争期间暂停，每年都是慎重而严肃地进行着。评委们要从几十个甚至上百个候选者之中，确定一名得主。这真是一件十分繁重而艰难的工作。尽管有时难免有选人不当和失误之处，但诺贝尔奖还是在全世界确立了它的权威地位，一代又一代杰出的人物为诺贝尔奖增添着耀眼的光彩。

到19世纪末期，经典物理学已经取得极其辉煌的成果，达到非常完美的境地，以致使当时的物理学界认为：物理学的大厦已经基本建成，后人的工作将不过是对一些细节作些修正，在测量数据的小数点后面增加几位有效数字罢了。而伦琴的发现，却震撼了这座物理大厦，揭开了20世纪物理学革命的序幕。

1845年3月27日，威廉·康拉德·伦琴（Wilhelm Conrad Röontgen）诞生在德国莱茵省的伦内普。父亲弗里德里希·康拉德·伦琴是当地的一家纺织品厂的厂主兼批发商。母亲弗洛维出生在荷兰。伦琴是家中的独生子，他的出生给家里带来极大的欢乐。小伦琴3岁时，举家迁移到荷兰的阿普尔多恩。在外祖母的怀抱里，伦琴长成为一名喜欢运动、喜欢自己动手做些小玩意儿的聪明少年。16岁时，伦琴进入乌德烈支技术学校学习。有一次，一位同班同学给老师画了一幅讽刺漫画，校方大为恼火，追查违纪者。老师认为伦琴知道是谁画的，要他说出姓名。伦琴低着头，一声不吭，无论校长说什么，他就是不肯透露那位同学的姓名。这下祸事临头了：学校开除了他。他沿着正规道路进大学的途径就这样中断了。后来，他通过考试进入了苏黎世综合技术学院，学习机械工程学。1868年，23岁的伦琴获得了做一名机械工程师的毕业文凭。一年后，他又取得了哲学博士学位。当春天又一次来临时，年轻的伦琴已经同他未来的妻子安娜·贝尔塔·路德维希漫步在风光旖旎的苏黎世湖畔了。她是一位流放在瑞士的德国人的女儿。

1871年，伦琴随同他的老师孔特到维尔茨堡大学。1872年，他和安娜结婚。婚后一直没有孩子，他们于1887年收养了贝尔塔·伦琴的侄女。

维尔茨堡大学是伦琴一生学术事业的起步线，但因伦琴缺乏正式学历，大学拒绝给他任何教职，这使他十分难堪。1872年，伦琴随孔特去法国的斯特拉斯堡大学，从教授的助理逐渐提升为副教授。伦琴在几年之内，发表了15篇论文，论及气体的定压比热和定容比热之比、晶体的导热率、气体中光偏振平面的旋转问题等。后面一个课题的4篇论文是他与孔特合作的。这方面的研究法拉第曾尝试过，但未成功。伦琴的熟练实验技巧才使他观测到气体中的磁致旋光现象。

伦琴的业绩使他很快声名鹊起，德国黑森州的吉森大学，聘请他担任物理教授。从1879—1888年，他在吉森大学工作的9年中，发表了18篇论文。内容涉及光电关系、热电和压电现象，测量水蒸气吸热用的高敏气温计的制法、液体和固体的可压缩性问题等。在这期间，他有一项研究工作的重要性不容低估，这就是关于在带电容器极板间移动电介质所产生的磁效应的研究。伦琴想证明麦克斯韦的电磁场理论。根据这个理论，只要电场发生变化，电介质中就会有磁场。1888年，伦琴发表论文，用他的实验结果证明了麦克斯韦电磁理论的正确性。

伦琴的名声越来越高，耶拿大学和乌德列支两所大学同时聘他为教授，但他都没有应聘。直到维尔茨堡皇家大学聘他任物理学教授兼物理研究所所长两个职位时他才应聘。伦琴到维尔茨堡大学工作的11年里，共发表18篇论文。除最后3篇是关于发现X射线

的，其他的都是论述压强对固体和液体性质所产生的
效应。1894年，他任维尔茨堡大学校长，这正是他用
能够发荧光的亚铂氰化钡屏和克鲁克斯管等做阴极射
线实验而发现X射线的前一年。

克鲁克斯管是英国科学家克鲁克斯制出的，又叫
阴极射线放电管。人们今天所用的电视机显像管、雷
达示波器等就是从它发展来的。那时，阴极射线的实
验和克鲁克斯管已不是什么新鲜的事情，少说也有30
年的历史了。赫兹曾发现阴极射线会穿过金属箔。他
的继任者勒纳德曾在1895年发表了阴极射线具有贯穿
能力的论文。伦琴觉得其中尚有一些问题值得研究，
于是在1895年10月开始重做勒纳德的实验。

1895年11月8日傍晚，伦琴为了准确地观察阴极
射线的荧光作用，用黑色的硬纸片把放电管套了起
来，以排除放电管与外界的相互影响。这时他偶然看
到放在1米以外的一条凳子上的亚铂氰化钡屏放出闪
光。根据阴极射线的方位和屏的位置，他断定使屏发
光的不是阴极射线本身，而是一种未知的射线。为了
进一步研究这一新的发现，他把自己关在实验室里，

独自一人花了6个星期的时间，专心致志地重复类似的实验，观察这种射线的性质。他发现，这种射线是从阴极射线轰击的玻璃管内壁上发出的。它沿直线传播，通过棱镜时不能折射和反射，不被磁铁偏转，能在空气中行进2米，贯穿能力很强，可以穿透千页的书、2—3厘米厚的木板、15毫米厚的铝板等，可以对放在木头盒内的金属砝码照相，乃至在照片上看到了自己手指中的骨骼。这种魔术一般的力量即使对伦琴也是震慑心魄的。在震惊之后，他希望在发表这一发现之前有另外一人来陪他重复实验，以证实这一发现绝不是他一个人在与世隔绝的实验里所经历的梦幻。12月22日，伦琴把妻子安娜领进实验室，让她把手放到用黑纸包严的感光底片上，用射线照射了15分钟。显影之后，相片上清楚地显出指骨和手指上戴着的结婚戒指。安娜看了之后充满不安和恐惧，好像看到了死亡的标记——骷髅。现在我们知道，她的恐惧并非完全没有理由。因为X射线的过度照射的确会杀死细胞和有损生机。

完成了关于X射线的一系列实验之后，在1895年

12月28日，伦琴向维尔茨堡的物理学和医学学会递交了他的第一篇论文《论一种新的射线》。1896年1月1日，伦琴复印了几张X射线相片送给他的朋友和同事们。1月4日，瓦尔堡把相片带到柏林物理学会为纪念该学会成立50周年而开办的展览会上。1月5日，维也纳的报纸率先报道了这个发现。新闻不胫而走，很快就传遍了全世界。很长一段时间里，伦琴教授的发现成为公共场所谈论的主题。有的报纸骇人听闻地警告女士们，由于这种极厉害的光线的出现，今后无论穿什么衣服都将无法遮蔽身体，因而都是不安全的。敏锐的商人们立即预感到发财的机会来了，挖空心思设计光线照不透的"保险服"，繁华的商业区随处可见"遮蔽身体的保险服"一类的广告。与此同时，也有人在怀疑和嘲笑伦琴的发现。

但是，真正的科学家是尊重科学与事实的，汤普森当时已是举世闻名的大物理学家，他对此并不抱轻视与怀疑的态度。他相信事实会证明伦琴的报告。就在世人冷嘲热讽，商人们在街头大做广告的时候，几乎所有欧洲的物理实验室都在重复伦琴的实验。数以百计的科学家全身心地投入了白热化的研究之中。

伦琴发现X射线是独具慧眼的。在他之前，已经不止一人接触过这种射线：克鲁克斯曾在1879年抱怨放在他的阴极射线管附近的照相底片出现模糊的阴影；1890年，美国的古德斯皮德和詹宁斯在费城注意到在演示克鲁克斯管后，照片底片变得特别黑。但是他们都没有继续追究，因而错失良机。

伦琴受工程师培训的初期和当孔特助手的那些年，由于缺乏实验设备，使他养成了亲自动手做实验设备的良好习惯。他把物理实验看成是抽象理论的真正来源。实验时聚精会神，不受任何干扰。他细致严谨，有敏锐的观察力。他平时沉默寡言，很少抛头露面，养成了勤奋阅读科技书籍的习惯，使他能够及时掌握物理学发展的动态。这些是他获得成功的基本保证。

从此，荣誉接踵而至。1896年1月13日。伦琴在德国被皇家召见，向凯瑟皇帝和朝廷表演了X射线的效应，立刻被授予二等普鲁士王冠勋章；接着，维尔茨堡大学授予他荣誉医学博士学位；他的诞生地授予

他荣誉市民的称号；柏林科学院和慕尼黑科学院选他
为通讯院士；1896年11月30日，伦敦皇家学会授予他
朗福德勋章；1900年，哥伦比亚大学授予他巴纳德勋
章；柏林的波茨坦桥上竖起了他的塑像；1901年授予
他首届诺贝尔物理学奖。

　　伦琴品德高尚，对荣誉和金钱极为冷漠。1901
年12月10日去瑞典领取诺贝尔奖金时，他谢绝了在授
奖典礼上做演讲和许多邀请，很快便回到了德国，并
且把5万瑞典克朗的全部奖金送给了维尔茨堡大学，
用于发展科学研究。一些商人对制造X射线机也产生
很大兴趣，认为是发财的好机会。德国最有名的AEG
电业公司派人拜访伦琴，请求伦琴把专利权让给该公
司，并答应付给相当高的代价。但是，伦琴自己既不
申请专利，也不求经济报酬，毫无保留地把X射线技
术公之于世。他说："根据德国教授的优良传统，我
认为他们的发明和发现都属于整个人类。这些发明和
发现绝不应受专利、特许权、合同等等的阻碍，也不
应受到任何集团的控制。"几个月之后，X射线机陆
续问世，为现代科学提供了一种新的研究手段，广泛

用于光电效应研究、晶体结构分析、金属组织检验、光谱频段开拓、材料无损探伤及人体疾病的透视与治疗等方面。

1905年4月30日，为了纪念伦琴发现X射线10周年，一批科学家在柏林举行一次"伦琴大会"，邀请伦琴为大会的荣誉来宾。但他不赞成用他的名字命名大会，因而没有出席。这次大会在5月2日通过了成立伦琴学会的决议。

X射线的正式名字是维尔茨堡大学提议的，叫"伦琴射线"，以表示对伦琴的尊敬和纪念。

自1900年后，伦琴由于德国政府的敦请，离开维尔茨堡大学，去慕尼黑物理研究所担任所长和教授。由于行政事务繁忙，从1900—1921年，他只发表7篇论文，主要是研究晶体的物理性质。

伦琴的朋友写到他时说："他的杰出性格是绝对的诚实和无私的廉洁；他无论从何种意义上说都或许是19世纪伟大理想的体现；他投身于科学而从未怀疑科学的价值；他敞开思想准备接受任何新的观念和事实……"

伦琴的晚年是在第一次世界大战带来的不幸和穷困中度过的。妻子安娜在长期患病之后于1919年先他而死去。他在给朋友的一封信中写道："庞大无边的孤独沉重地压倒了我……"1920年，他辞去职务，居住在乡间。靠近慕尼黑的维尔海姆的乡间小道上留下了他长时间散步的足迹。在短期患病后，伦琴于1923年2月10日，在德国慕尼黑去世了，享年78岁。

第一位有机化学诺贝尔奖得主——费舍

　　1902年，诺贝尔奖委员会在一份报告中写道："在上一世纪的最后几十年里，有机化学研究中那种独有的风格，在费舍关于糖的研究中达到了光辉的顶点。从实验技术的角度看，他的工作可以认为是无与伦比的。"报告中还写道："由于该项工作相当复杂，理论证明十分详尽，因此，通过这一工作所确立的原子团概念是如此坚守可靠，即使将来我们关于原子和原子价本质的观念全变了，我们也可以肯定地说：这一原子团的概念永远不会被推翻。"

诺贝尔奖委员会一向以严谨认真著称，这一次却说了这么多绝对的、不留余地的话，也许是由于刚刚颁奖不久，经验不足。即使这样，也是不应该原谅的。因为如果说对糖的研究在1902年就达到了"光辉的顶点"，而且关于糖（碳水化合物）的"概念永远不会被推翻"，那么，1934年以后又有两位科学家因为推进这方面的研究而获得诺贝尔化学奖应作何解释呢？所以，正确的说法应当是，个人的事业有顶点，而整个科学事业是没有顶点的。人类总是要不断地有所发现，有所发明，有所制造，有所前进的。

当然，对于艾米尔·费舍（Emil Fischer）来说，他对化学的贡献的确是令世人瞩目的，不然为什么在12名候选人当中，单单把1902年的化学奖授给了他？而他的老师拜尔反倒比他迟了3年才获得这一荣誉。

费舍是位有机化学家，在有机化学发展史上，费舍的名字是不能够被遗忘的。19世纪中，有机合成化学已经发展成一门比较成熟的科学。当时的许多知名科学家，尤其是德国的科学家促成了这一学科的建立。对一些常见的然而复杂的有机物分子结构的研究，要求能够娴熟地掌握已有的分析方法，并能发明新的方法，这是需要系统的工作、坚韧的毅力和相当的准确性的。所有这些品质都被认为是典型的德国式的，因此，当时德国有机化学蓬勃发展，应当说并非出于偶然。费舍就是在这样的环境中走上了研究化学的道路，并作出了杰出贡献。

1852年10月9日，艾米尔·费舍出生于莱茵河西岸的科隆。童年的艾米尔生活条件优越，天资聪明，这使他的富豪父亲十分得意。1869年，艾米尔以优异的成绩从波恩大学预科毕业，1871年初，又考入波恩大学本科。

对艾米尔来说，波恩大学却使他失望。从春到夏的这个学期里，艾米尔只能听听课，在学年中间根本不可能在实验室里得到位置，秋天才开始有实验课。校内对艾米尔唯一有吸引力的人物是奥古斯特·凯库勒教授。他是一位优秀的演说家、天才的理论家、卓越的实验家，而且还是深受学生们爱戴的人物。艾米尔很崇拜他。但是，要想进入凯库勒的实验室，先得经过分析化学实验室。所以，艾米尔焦急地等待秋季学期的到来，以便开始分析化学实验。

然而，到了分析化学实验室又使他大失所望。助教的那种工作方式使学生们很头痛。第一天，艾米尔从助教那里领到一只盛有深绿色溶液的烧瓶。

"按规定，分析结果应在一周内作出，因为您是初次作，给您两周时间。"

"可是，我根本不知道分析该怎样做呀！"艾米尔困窘地看着助教。

"您那里有实验指南和图表啊，看一看，自己去干吧！"

实习生们几乎没有待在实验室里的。有些人把发给他们作分析用的溶液偷偷地拿出去，然后又不知从哪儿把分析结果带回来，交给了助教。艾米尔工作了两周，他深入钻研实验指南，把每项复杂的测定都做过好几遍。可是，当他把实验报告送给那位助教时，助教却用诧异的眼光看着他说：

"这纯粹是虚构的结果！您的溶液里什么也没

有！您怎么会发现镍呢？这镉又从何而来？怎么还有钾呢？费舍先生，重新分析一遍吧！做实验时要细心一些才好。"

艾米尔脸红了，太阳穴怦怦地跳。

第二年，艾米尔开始做定量分析方面的化学实验。这时，他对化学彻底失望了：因为所有的分析都是采用简陋的、早已过时的经典方法。

然而，1872年秋天，艾米尔在堂兄的劝说下，进入斯特拉斯堡读书。

斯特拉斯堡的一切都不同寻常。连人也有点儿和普通人不一样。据说，由于这座城市处于与法国接壤的边境地带，因此，当地居民吸收了法国的许多风俗习惯。

师生之间的关系也不同一般。费舍兄弟对医学和微生物学都感兴趣。但是，在教师中最吸引他们的却是一位化学教授阿道夫·冯·拜尔。

拜尔对待这些年轻人十分热情。不久，他就邀请他们到自己家中做客。教授家中舒适宁静，这里的一切都使人感到适于进行友好而倾心的谈话。

　　过了一段时间，在拜尔教授的指导下，艾米尔着手撰写关于荧光素合成问题的博士论文。这时，对他来说，化学已不再是枯燥无味的学科了，而是充满生气，又饶有趣味。拜尔反复告诫他们科研工作的一条基本原则："大自然创造出许许多多活的有机体，而这些有机体又是由千百种物质构成的。要了解这些物质，首先要研究它们，然后再把它们合成出来！只有把它们成功地合成出来，一个科学家才能说是把这项研究工作完成了。"

　　荧光素方面的研究工作进展顺利。与此同时，艾米尔还想进行另一项合成实验。他决定先征求拜尔教授的意见。

　　"我对一种重氮盐，比如氯化重氮苯的还原反应很感兴趣。它的最终产物会不会是肼的衍生物呢？"

　　"您去试试吧，"拜尔表示同意。"还原反应曾经导致许多发现。您可以用锌和醋酸试试看。"

　　听了老师的话，艾米尔越加着迷似的工作起来了。"锌和醋酸"，说起来容易，但是必须选定相应的反应条件，确定反应得以进行的溶液浓度。他一连好几天没有走出实验室。

终于有一天，他成功了，合成出了苯肼。

在3年之内，拜尔把费舍培养成一名博士。据说，在斯特拉斯堡，费舍是有史以来最年轻的博士。以后，当拜尔到慕尼黑大学时，费舍又追随他到慕尼黑，继续做他的助手，直到拜尔对他说："你可以独立地进行研究了，你会比我更有造诣。"

离开了老师，费舍转战南北，但始终朝着有机化学最困难的课题攻坚。

1884年，费舍开始鉴定糖类结构。糖，从刚刚出生的婴儿到古稀老人没有人能离得开它。一个人，他可以说没吃过糖果，但绝不能说他没吃过糖。因为，任何一种食物中一定含有糖。糖对人来说是太重要了，没有糖就没有人的生命。但是糖究竟是什么？它的分子结构是怎么样的？这却是个未知数。无数的化学家为了这个问题耗尽了毕生精力。在费舍以前，人们经过分析推测出葡萄糖是由一个羰基、5个羟基组成的6碳糖。但是由于糖很难提纯，而不纯的糖又难于结晶，这就使得对糖的结构分析无法深入进行。是沿着将糖尽量提纯这条路走下去，还是另辟蹊径？费舍想出了更巧妙的方法：既然糖难于结晶，能不能想办法让它同别的物质发生反应，生成容易结晶的化合物？用苯肼和糖反应，生成的结晶很容易辨认。费舍的方法后来成为鉴定糖的重要方法。当然，费舍的工作不仅有直接的应用价值，而且还有其方法论意义。它告诉人们，多元思维在科学上是极重要的，一条道跑到底的线性思维，难以达到预期的效果。条条道路通罗马。当然，思维的多向性并不是否定始终如一的钻研精神。费舍对糖化学的研究经历了几乎10年的时间。在葡萄糖、果糖、半乳糖等16种有旋光效应的糖中，有12种结构是费舍鉴定出来的。费舍成为奠定碳水化合物研究基础的化学家。

进入20世纪后，费舍的工作随着历史的脚步又有了新的进展。他的重点转到蛋白质结构上面。19世纪，人们已经从动物和植物中分离出一些蛋白质。恩格斯指出："生命是蛋白质的存在方式。"这一结论真是千真万确。那时很多人意识到蛋白质与生命现象有密切关系，蛋白质的希腊文意义就是"生物体中最重要的、第一的"。人们从蛋白质的水解产物中分离出许多氨基酸，如谷氨酸、蛋氨酸、胱氨酸等。反过来，这些氨基酸又是怎样结合成蛋白质的呢？还是来请教费舍吧。费舍指出，蛋白质分子是许多氨基酸以肽键结合而成的高分子化合物。蛋白质是一种多肽结构。千万不要小看费舍的结论，虽然这一研究不是他获得诺贝尔奖的缘由。如果人们弄清了蛋白质的结构，能用人工方法合成蛋白质，那就等于找到了从无生命到有生命的桥梁，就可以用化学方法制造出生物来！中国在世界上第一个合成了最简单的蛋白质——结晶胰岛素，一直是中国人引以为自豪的一件事。单凭这一点，人们也要记住费舍的！

费舍对有机化学、生物化学的贡献是多方面的。他选择的方向往往是最困难的。这种科研精神的确是可贵的。他确定了在茶、可可、咖啡中起兴奋作用的物质的结构。今天，人们已经知道这些物质是茶碱、可可碱、咖啡因。它们都是医学上常见的药物。在他获得诺贝尔奖时，他研究过的这类物质已经不下150种。许多人可能还记得以前有一种叫做阴丹士蓝的染料，可能也穿过这种染料染过的蓝衣服。但是不一定知道这种染料是费舍首先合成的。所以有人说，从费舍的实验中，随便拿出一个方案来，就可建立一座化工厂。

费舍曾有过十分温暖、幸福的家庭。妻子阿格涅斯是快乐的使者。她原是父母的宠儿，而结婚后又立即得到公婆的喜爱，全家的人都喜欢她。她使费舍的生活充满乐趣。然而1895年，正当费舍为科学上的成就而欢欣鼓舞时，阿格涅斯却在生了第3个儿子后不久就病倒了。她开始患中耳炎，专家竭力主张马上进行手术治疗，但阿格涅斯不同意。病情加重，很快变成脑膜炎。手术做过了，便为时已晚，阿格涅斯去世了。1916年，他那个想当医生的第二个儿子在身患重病之后去世了。第二年，他的小儿子在战争中染上斑疹伤寒也死去了。这一连串的打击，并没有使费舍沉沦。

除了个人的不幸遭遇之外，研究工作也困难重重：由于化学试剂不足，实验工作停下来了。因此，费舍只好在自己的书房里整天埋头著述。《多肽与蛋白质》、《缩酚羧酸和鞣质》是他的重要著作。在撰写这些著作时，他常常回首往事，想起那些新奇的发现，有趣的实验；想起他的学生、助手和朋友们。他们中间有许多人把自己的部分生命献给了费舍的实验室。他想给每个人以应有的评价，他想向每个人表达他的谢忱。于是，撰写一本关于自己的生活回忆录的想法，便在费舍心中酝酿成熟了。

这是艾米尔·费舍撰写的最后一部巨著。

一切都在预示着科学繁荣的新时期就要到来。然而，费舍渴望工作的心情却猝然落空了。严重的不治之症经常发作，夺去了他的最后一点精力。费舍清楚地意识到等待着他的是什么，但他毫不畏惧死亡。他从容地把他的一切事务都安排妥当，完成了著作手稿，把自传也赶写完毕。但是，他没有来得及看到它的问世。

1919年7月15日，艾米尔·费舍与世长辞了，享年67岁。

至今，在德国的旺喜化学实验所广场上，还竖立着一尊铜像纪念碑，那就是费舍。

诺贝尔奖得主

——生物物理学家希尔

　　剑桥是英国剑河东岸的一座美丽小城，幽雅而恬静的古典建筑群，热烈而浓厚的科学探索气氛，给这个世界驰名的大学城增添了光辉。

　　1912年，在剑桥大学生理实验室里，紧张忙碌的研究正在进行。一位26岁的青年人有条不紊地进行着实验。高高的个子，长方脸，浓眉大眼，眸子里闪烁着智慧的光辉，他就是生理学家阿奇博尔德·V·希尔（Archibald V.Hill）。希尔正敏捷地从青蛙大腿内侧剥离出一薄片肌肉。这片肌肉在人的大腿内侧也有，它的收缩作用可以使人的两个膝盖紧紧夹在一起。这个动作对缝鞋匠特别有用，所以它被称之为"缝匠肌"。

希尔把这片青蛙肌肉的两端固定在自己设计的仪器里，用一短促的电流刺激肌肉，它能引起肌肉作0.1—0.2秒的收缩。由于两端被固定，肌肉不能缩短，不能对外物做功，所以这种收缩的能量也就和所有多余的化学能量一起转化为热能。在这瞬间，使肌肉温度有微小的上升。希尔正设法用灵敏的热电偶，把这微小的温度变化转变成电流变化，再用精密的电流计来测量和记录出温度的微小上升，进而推算出肌肉收缩时产生的热量。设计并实现这种测热方法，显然是个"当代世界之最"。为此，希尔确实耗费了不少心血。

1886年9月26日，希尔出生在英格兰西南的古老港口布里斯托尔。他从小继承着外祖母的一个特殊的癖好，搜集珍藏古今伟人的画像。凡是那些不易得到的人像，便到图书馆里，照书上画的描绘下来。他还阅读伟人的传记，抄录他们的至理名言。他渴望从中探索伟人们成功之路，以启迪自己如何处世、治学。

外祖母还写过一本书，从人像的轮廓和外形来推断人的心志。希尔也学得这一手，所以他在白伦德尔学校读书时，同学们替他起了个"小相士"雅号。

在中学时代，最受师长和同学称道的是他的心算，往往老师刚在黑板上列出一道方程式，他就能随即报出答案。然而，和他出奇的理解力形成鲜明对比的是，他的记忆力很差。连一首很短的小诗，虽经一番熟读，也只能背出开头几句，其余的怎么也背不出来。但是，由于他数理成绩突出，经学校再三推荐，他获得了奖学金，并进入剑桥特里尼蒂学院数理系学习。

在学院里，希尔的数理成绩优异，1907年他是第3位剑桥大学数学学位考试一等及格者。他在这里结识了生理学家沃·弗莱彻。弗莱彻当时是特里尼蒂学院的教师，与生物化学家霍普金斯（诺贝尔奖金获得者）共同研究肌肉化学。他们发现肌肉收缩时产生大量乳酸，达到一定浓度后肌肉就疲劳而不再收缩；他们还发现在恢复期中乳酸逐渐减少，肌肉才又恢复工作，而这一过程与氧气关系很大，没有氧气就不能恢复。弗莱彻告诉他，这些只是肌肉活动过程有关的许多化学变化的总结果，但是这些化学变化的细节与肌肉活动过程的相应关系，在当时是无法测定的。如果用物理方法测量肌肉活动过程中的能量变化，或许更有可能揭示这一过程化学变化的实质。

这个问题深深地吸引了希尔。1908年从数理系毕业后，他决心研究生理学，准备用自己坚实的数理基础来研究肌肉活动过程中的能量变化。他在剑桥大学生理系主任朗格莱教授的指点下，开始用热—电流计来研究肌肉活动中的热量变化，并且发现了肌肉产热量取决于肌纤维收缩前的长度。初战告捷，使他研究肌肉活动的兴趣更加浓厚。1910年，他成了剑桥大学生理研究人员，专程赴德国研究肌肉的活动及其产热过程。

1911年回到剑桥后，经过多次的试验、探讨和改进，他终于制作了非常精巧、灵敏的热电偶。这种热电偶可以在数百分之一秒内以小于0.003℃的温度变化，引起温差电流。用灵敏的电流计记录微弱的温差电流，从中测得温度变化，再推算出热量变化。人们把这些配件组成的测热计，称为"希尔计"。接着，他利用这种测热计，测量了肌肉收缩时所产生的热量，他称之为"初发热"，其特点是产热速度快。他还发现在肌肉活动停止后的恢复期中，肌肉仍在产生热量，他称之为"迟发热"，特点是产热的速度慢、时程长（可持续几分钟到几十分钟），产热量是初发热的1—1.5倍。这些成就，使他成了当时数一数二的研究肌肉生理的专家，蜚声欧洲。此外，他还运用他广博的数学知识，推导出血红蛋白与氧气结合的方程，这就是著名的"希尔公式"。1914年他被提升为剑桥大学物理化学讲师。

第一次世界大战爆发后，希尔应征在军队里担任医官，并很快晋升为少校，指导国防实验处的工作。这使他有更多的机会研究肌肉生理。他发现，肌肉纤维在氮气中收缩，初发热不受影响，但肌肉容易疲劳，不能恢复，没有迟发热。这就说明，肌肉活动时初发热和乳酸的产生等化学变化，都是无需氧气参与的。这在生理学上称为"无氧反应"；肌肉恢复时期的迟发热和乳酸逐渐消失等化学变化，都是需要氧气参与的，称之为"有氧反应"。从乳酸氧化产生的热量与迟发热的热量比较中，希尔发现只有一小部分乳酸被彻底氧化为二氧化碳和水；而其大部分乳酸可能是在有氧的条件下重新合成肌肉里的碳水化合物。他认为，正是这些碳水化合物，在肌肉活动时的无氧反应中分解成乳酸。这样，他就为研究肌肉活动时的一系列化学反应奠定了基础。因为他成绩卓著，1918年，当他32岁时，被选为英国皇家学会会员，并荣获大英帝国勋章。

1918年，希尔退役归来，继续用测热法研究肌肉生理，用更灵敏的热电偶，测出肌肉一次收缩时初发热中的两种成分：持续50毫秒的肌肉缩短期的"缩短热"，和持续60毫秒的肌肉舒张期的"舒张热"。1920年，他被布里根堡基金会聘为曼彻斯特大学生理学主任教授，着手研究人体的肌肉活动。他结识了德国生物化学家奥托·迈尔霍夫，迈尔霍夫也在用青蛙的肌肉进行研究。但他用化学方法来测量肌肉的耗氧量，研究肌肉中碳水化合物与乳酸的转化和肌肉活动的关系，并且各自得出类似的结论。真是异曲同工，无独有偶。1922年，为了表彰他们研究肌肉的能量代

谢和物质代谢的卓越贡献，诺贝尔基金会决定由他们
分享这一年的医学及生理学奖金。当36岁的希尔和38
岁的迈尔霍夫站在一起，从瑞典国王手中接过诺贝尔
奖章和证书时，全场用经久不息的掌声表示对他们的
祝贺和钦佩。

　　1923年，希尔应聘来到伦敦大学学院，接替退
休的内分泌生理学奠基人司大林，出任生理学教授。
1926年他成为皇家学会富勒顿基金研究教授，出版了
专著《肌肉的活动》。第二年又出版了《身体的肌肉
运动》和《活机器》等论著。在他主持的生物物理
实验室里，吸引了不少学者来进修，很快形成了一
个研究神经肌肉生理学的学派。为了研究神经的产热
的活动，他不断地改进测热计，使它更加灵敏。1926
年他和助手们测出青蛙神经静息时的产热量为每分钟
0.0167焦耳，神经受刺激而兴奋时和传导冲动时产热
量增加，也分为初发热和迟发热。初发热在传导兴奋
时出现，产热速度极快，为迟发热的5 000倍，产热
量极微，为迟发热的1/30。这与无氧反应过程有关。
迟发热在传导停止后的恢复期内出现，产热速度极

慢，持续10—30分钟，产热量较大，与有氧反应过程有关。第二年，他的好友迈尔霍夫及其助手也测出神经兴奋后耗氧量增加。

1935—1946年，希尔兼任英国皇家学会秘书，并创办了一个专业月刊，把自己和学生们的研究成果都发表在刊物上，刊物行销国内外。1937—1944年，他还是大学学位授予委员会成员。

希尔在英国保守党内颇有声望，第二次世界大战时期内阁首相丘吉尔，每遇科学政策问题就登门求教。1940年以后，希尔兼任了更多的社会职务，如剑桥的议员，战时内阁科学咨询委员会主席等。

希尔很关心青年一代的成长，对他们寄予很大希望，告诫他们尊重历史事实，脚踏实地地争取未来。他说："前人留下的脚印，并不是要后人踩着它，亦步亦趋，而是启发后人该朝哪个方向迈步。"在他的敦促下，英国政府于1944年颁发了特别优待青年科学家的法令。

1945—1946年，希尔还兼任英国皇家学会的外交秘书，与世界各国科学家有着广泛的联系，凡是各国与英国学术界有交往的，都与他有深厚的友谊。

由于他对英国战时国防和科学研究有着特殊功绩，1946年被授予大英帝国勋位。1947年，荣获美国银棕榈枝自由奖章。1948年获得英国科学研究最高荣誉——柯普莱奖章。1950年英国皇家又授予他荣誉勋章和爵位。1952年，他出任联合国科学促进委员会英国分会主席。同年，希尔退休后，又回到生理实验室继续他的科学研究。他精益求精继续改进已享盛名的测热计，不断增进热电偶测热的速度与灵敏度。1958年，他还精确地报道了肌肉受刺激还没有发生收缩的10毫秒内的产热活动，但称之为"激活热"；这说明了在肌肉收缩的机械反应前，肌肉内部已经发生产热的化学变化了。正是这些变化激活了肌肉的收缩。此外，他还出版了多部专著。

在希尔出版的书中，有写得很通俗，人人看得懂且很有趣的作品。"你若是没有肌肉，剩下一堆白骨，就没法看我的书了，赶快看吧。"这是希尔的趣话。

1977年6月3日，这位德高望重的生物物理学家在剑桥逝世，终年91岁。

东方第一个诺贝尔文学奖获得者——泰戈尔

诺贝尔文学奖经过了一个生肖的周期，当新的一年开始的时候，这顶耀眼的桂冠远涉重洋，戴到了一个东方人的头上。他，就是印度伟大的诗人和作家拉宾德拉纳斯·泰戈尔（Rabindranath Tagore）。他是东方第一个诺贝尔文学奖的获得者。他14岁开始发表诗歌，19岁成为职业作家。在长达60多年的创作生涯中，共写出50多部诗集，30种以上散文著作，12部长、中篇小说，近100篇短篇小说和30多部剧本。此外，他还创作了2 000多首歌曲和2 000多幅美术作品，出版了有关语言、文学、哲学、政治、历史和宗教等方面的论著。

　　1861年5月7日，泰戈尔诞生在印度西孟加拉邦的加尔各答市。父亲是当时著名的宗教改革者和社会活动家。加尔各答是座古老的城市，悠久的文化传统与淳朴的风俗给少年泰戈尔留下了深刻的印象。他在后来的回忆录中深情地描述道：马车带着滚滚尘埃，隆隆地穿过街道，有钱人把姓名用花押字画在皮靠背上，马车夫夸示他的包头，两个随从站在车后，向行人吆喝着，行人则赶紧跳开让路。妇女远离男人，坐在垂帏的轿子里。很少有人敢穿时髦的罩衫和鞋子，因为这会被人视为不谦逊。

　　但是泰戈尔家中的情形却有些不同。他的家是当时加尔各答知识界的中心，不少著名的学者、名流经常在他家里聚会，讨论政治问题，切磋文学创作，举办音乐会甚至演出戏剧。这对少年泰戈尔产生了潜移默化的影响。虽然在学校中他经常被当做粗放而迟钝的学生，但他的内心世界是极其丰富而又活跃的。在他看来，教室简直就是砖砌的监狱。他经常对着书本打哈欠，向往着大自然中的繁花杂树，结果被人斥之为"骡子"，意思是这孩子简直不可调教。连他的父亲也不曾想到，这个家中最小的第13个孩子，日后会继承和光大他的自由主义思想，并和印度的国父甘地一起，以宗教信仰点燃了印度人民的革命热忱。

少年的泰戈尔有一种孤独感。

但当他同母亲在一起时，他是充实和欢乐的。他给她背书，向她显示自己"秘密"的知识，接受着母亲的抚爱。8岁那年，这个孩子在母亲面前写出了自己第一首诗篇。后来，泰戈尔说，他这"新生的诗"一定把人烦死了。但就是这"使人烦死"的诗，如星星之火点燃了泰戈尔光辉的人生。

14岁那年，他母亲死了。泰戈尔把对母爱真挚的情感献给了另一个更伟大的母亲——自然。他后来在诗中说，从"7岁到70岁"，没有一刻离开过她。每天早晨醒来，日子就像一封金边信封里面装满秘密的信息，"就像大自然合着的手中藏着东西，笑着问我们：'你猜我手里拿着什么？'"他享受着大自然的创造，感受着大喜大悲，从来没有动摇过对生命、对自然的信念。不久，他和父亲一起到喜马拉雅山地去，开始了他人生第一次长途旅行。途中，父亲教他吠陀经和奥义书，都是用楚文念的。还教他识天文，让他做剧烈的运动，以锻炼身体。他饮过恒河的水，聆听过金殿的歌咏。这一切都使泰戈尔加深了印度文化的继承意识和对活水的信仰。古老印度的国情，人口众多而贫穷，给他留下了无法忘怀的印象。这使青年泰戈尔的思想产生了飞跃，使生命的新篇章打开了。

1878年，泰戈尔离开了使他失望的学校，跟随哥哥前往英国。他先在莱顿中学念了短时间书，然后到伦敦大学学习文学，同时研究西方音乐。对其他课程都感到百无聊赖的泰戈尔，独独倾倒于莎士比亚和雪莱。他说，"他们的作品中迸发出热情的狂涛。"此后，泰戈尔的创作中注入了浪漫主义的血液。

然而，英国的社会现实令他失望，久居的想法很快破灭，他无论如何也要回祖国去。结果，他连大学文凭也没拿，便登上了回国的轮船。虽然如此，他的内心却更加充实，他的思想也更加成熟了。20岁那年，他出版了《晚歌》。21岁，《晨歌》出版了。神秘的黎明，它打开了通向光明之门。通过它，纯粹的精神得以进来。泰戈尔认为，他的这些早期作品有晦涩的倾向，但却是朴素自然的，决无矫揉造作。这是他的思想和一生风格发展形成的极重要时期。人道主义在心中形成，被他的宇宙观激发的人生最重要的观念也开始发展。他觉得，真正的伟大可以在极渺小的事物中见到，神的真理常在最低微的造物中显露，或是一只小鸟，或是一片草叶，或是一朵花，而儿童则是永恒的奇迹。同时他发现，灵魂永恒自由是透过精神化的、神秘化的爱而发展的。

泰戈尔的早期诗作梦幻多于现实，富于浪漫主义色彩。从诗集《刚与柔》开始，他的诗歌创作进入了新阶段，开始面向人生，面向现实生活，作品充满人道主义精神。诗集《心中的向往》，是他的第一部成熟作品。开始密切关注现实生活和人类命运。艺术上也突破了印度诗歌的传统束缚和英法浪漫主义的影响，形成诗人的独特风格。他的主要诗集有《新月集》《园丁集》《飞鸟集》《吉檀迦利》等。

19世纪90年代，泰戈尔的创作进入全盛时期，除诗歌外，连续发表了60多部短篇小说，著名的有《素芭》《摩诃摩耶》《是活着，还是死了》等。其他作品有长篇小说《戈拉》和《沉船》，剧本《国王》《顽固堡垒》《纸牌王国》等。

他被世界公认为"孩子的天使"。他的儿童诗想象奇特，语言细腻生动，充满了一种慈母般的温柔与爱心。

让我们来看看他如何描述萤火虫：

小小流萤，在树林里，在黑沉沉暮色里，

你是多么快乐地展开你的翅膀！

你在欢乐中倾注了你的心。

你不是太阳，你不是月亮，

难道你的乐趣就少了几分？

你完成了你的生存，

你点亮了自己的灯；

你所有的都是你自己的，

你对谁也不负债蒙恩；

你仅仅服从了

你内在的力量。

你冲破了黑暗的束缚，

你微小，然而你并不渺小，

因为宇宙间一切光芒，

都是你的亲人。

我们再来听听他如何对母亲说：

我不记得我的母亲，

只是在游戏中间，

有时仿佛有一段歌调在我玩具上回旋，

是她晃动我的摇篮时所哼的那些歌调。

我不记得我的母亲，

但是在初秋的早晨，

合欢花香在空气中浮动，

庙里晨祷的馨香仿佛向我袭来，

像母亲一样的气息。

我不记得我的母亲，

当我从卧室的窗里外望悠远的蓝天，

我仿佛觉得我母亲凝注在我脸上的眼光，

布满了整个天空。

她对孩子这样说：

我愿我能在我孩子自己的世界的中心，占一角清净地。

我知道有星星同他说话，天空也在他面前垂下，用它悠悠的云朵和彩虹来愉悦他。

那些大家以为他是哑的人，那些看去像是永远不会走动的人，都带了他的故事，捧了满装着五颜六色的玩具盘子，匍匐地来到他的窗前。

我愿我能在横过孩子心中的道路上游行，解脱了一切的束缚。

她又说：

当我送你彩色玩具的时候，我的孩子，我了解为什么云中水上会幻化出这许多颜色，为什么花朵都用颜色染起——当我送你彩色玩具的时候，我的孩子。

当我唱歌使你跳舞的时候，我彻底知道为什么树叶上响出音乐，为什么波浪把它们的合唱送进静听的大地的心头——当我唱歌使你跳舞的时候。

当我把糖果送到你贪婪的手中的时候，我懂得为什么花心里有蜜，为什么水果里隐藏着甜汁——当我把糖果递到你贪婪的手中的时候。

……

泰戈尔的作品充满爱国主义精神，反映了印度人民在殖民统治和封建制度的双重压迫下，要求个性解放和民族独立的愿望和抗争。他作品中的人道主义和社会批判倾向，为印度现实主义文学开辟了道路。泰戈尔晚年致力于民族解放运动。他遍游全世界，发表许多著名演讲，创作了大量政治抒情诗。

在这个世界上，人类有文学记载的历史大约有6000年了。6000年里人类文化的发展大致分成以幼发拉底河与底格里斯河为源泉的西方文化和以恒河、黄河为源泉的东方文化。历史的长河流到今天，东西方文化的交流与融合已成为全世界的人共同关注的重大课题。因为只有一个地球，人类的生存与发展需要在和谐与理解的环境中进行。历史上，那些曾为沟通和交流各民族文化而倾注毕生精力杰出的人物，无一不受到后人的景仰。哥伦布、麦哲伦、郑和、马可·波罗……这些名字将永远在历史上闪光。

当然，东西方文化存在着巨大差异，它不仅表现为外在的语言习惯、风俗、服饰、建筑和艺术风格等方面，而且有着深刻的观念、气质、心理、信仰标准、价值取向等内在的区别。所以，一个人如果能做到学贯东西，在更高更深的层次来理解、来发展人类文化，那么他就可以被称为世界文化的泰斗，他就比一般的杰出学者、作家、艺术家和科学家更有价值。泰戈尔就是这样的一位学者。他的一生集哲学家、思想家、诗人、艺术家于一身，融东西方文化于一炉，在人类的诗坛上，泰戈尔的诗是独放异彩的明珠。听听这让人心弦颤动的诗句吧：

我们把世界看错了，反说它欺骗我们。

海水呀，你说的是什么？

是永恒的疑问。

天空呀，你回答的是什么？

是永恒的沉默。

小草呀，你的脚步虽小，但是你拥有你脚下的土地。

我们的生命是天赋的，我们唯有献出生命，才能得到生命。

我已经唱过了您白天的歌。

在黄昏时候，让我拿着您的灯走过风雨飘摇的道路吧。

有谁读着这些诗句时灵魂不被净化，感情不被升华呢！

当1913年诺贝尔委员会的电报拍到孟加拉省的一个小村庄时，泰戈尔正在黄昏的落日余晖下领着一群孩子，从森林里远足归来。他从邮递员手中接过电报往衣袋内一塞，而邮递员却催他赶快拆阅，学生们在旁凝神谛听。他们是何等的骄傲呀！他们的老师获得一项世界性殊荣——"由于他那以高超技巧写出的、至为敏锐、清新与优美的诗，其中他用英文写作的，充满诗意的思想已成为西方文学不可缺少的一部分。"泰戈尔未出席领奖仪式，但给瑞典文学院发去一封感谢电，电文中除了说明由于"半个地球的遥远距离"无法亲往领奖，并向瑞典文学院表示谢意外，还说："你们全面、深刻的理解缩短了我们之间的距离，使陌生人变成了兄弟。"

1921年春，泰戈尔终于实现了旅行瑞典的心愿。他在斯德哥尔摩受到了真诚热烈的欢迎。在瑞典人心目中，他简直成了一个Magus（东方圣人）。他的每次演讲，听众都报以欢呼和热烈掌声，甚至连国王吉斯塔夫也亲自到会听讲。瑞典文学院特地为他安排了一次宴会。当时这位贵宾的头发和胡须都已变白了，然而他的作品要比1913年他获奖时更丰富，更具有活力，同时也更臻完美，更为人们所喜爱。

泰戈尔的家庭生活十分不幸。他的夫人在婚后15年便去世了，3个孩子中有两个夭折。苦闷的泰戈尔在1902年写下了抒情诗集《回忆》，献给他的亡妻。但是家庭的不幸并未使他消沉。1905年，当印度掀起民族解放运动的第一次高潮时，泰戈尔在加尔各答唱着自己写的歌曲，参加游行示威。他还公开发表演说支持民族解放运动。从这以后的十几年，是泰戈尔一生创作的高峰期。他的代表作几乎全在这一时期写成。使他获得诺贝尔奖的《吉檀迦利》便是其中最有影响的诗集。

　　泰戈尔于1941年8月7日逝世，终年80岁。他的一生是诗的一生，思索的一生，光明的一生，进步的一生。泰戈尔的名字同他的诗篇一样，永远放射出耀眼的光芒！

诺贝尔和平奖得主
——马丁·路德·金

　　马丁·路德·金（Martin Luther King）是美国黑人牧师，非暴力主义者。1964年获诺贝尔和平奖。当时，他只有35岁。而对这一殊荣，马丁说："这项和平奖好像奖给我们还没有完成的工作，是委托我们要为信仰的事业更加努力工作。"他在颁奖会上发表了著名的演说："非暴力主义是对当今我们这一时代各种尖锐的政治问题和种族问题的回答，即人类必须不用暴力解决各种对立现象……我拒绝接受这样的观点，这种观点认为人类正蒙受灾难，被禁锢在星光全无的种族主义和战争深夜之中，并且认为和平的兄弟情谊的灿烂阳光，永远不可能普照大地。"

马丁将54 000美元的诺贝尔奖金全部捐献给争取种族平等的各个主要组织，他说："这笔奖金除了用于我们为之奋斗的事业之外，别的方面一分钱也不能花。"

马丁·路德·金是黑人的英雄，是黑人的领袖，是黑人向往平等、和平的灵魂。

1929年1月15日，马丁生于佐治亚州的亚特兰大。父亲和祖父都是德高望重的浸礼会牧师。他在幸福的家庭里长大，聪明而富有创见。5岁以前，小马丁就能背诵《圣经》中的不少章节。6岁时，他能凭着记忆唱许多赞美诗。受父亲的影响，他很喜欢布道演说。有一次，他听一位很有名气的牧师演讲，被那磁石一般的语言迷住了。他对父亲说："那人讲得真好，他的话能打动人心。将来我长大了，也要学会讲打动人心的话。"

马丁自幼便尝到了种族隔离的滋味。他常常同一群白人孩子在自家附近一起玩。到了6岁时，不得不进入不同的学校上学。马丁听他们说，今后再也不能一起玩了，"因为你是黑人。"天真的小马丁流泪了，泪珠垂在他充满稚气的脸庞上。

种族歧视的羞辱并没有使他感到无地自容。在人世间，他有一位顶天立地的榜样，那就是他父亲。父亲常常这样教导小马丁："我站着的时候，我要每一个人都知道，有一个人站在那里。即使法律迫使我坐在公共汽车的后排座位，我的思想和灵魂永远是在前排。"

马丁从小就仇恨暴力行为。为了维护自己人格的尊严，即使大孩子们打他、骂他，他也从不在乎。他认为暴力行为是野蛮的，如果以暴力还暴力，自己也将失去做人的尊严。但是这种天性并没有阻碍他成为一名摔跤能手。他还是一位优秀的网球选手和优秀的田径运动员。

马丁青年时期攻读神学，先后就读宾夕法尼亚大学、哈佛大学和波士顿大学的神学院。

当他在美国北方求学时，他惊异地发现，他可以自由地和白人学生交谈和交往，并可任意地进入城里的餐厅和戏院。这在南方是严格禁止的，即使在比较自由的亚特兰大也毫不例外。他后来回忆说："黑人和白人之间的这种健康关系，使我相信我们可以和许多人结成同盟……我原先对整个白色人种抱憎恨态度，但当我接触白人愈多，我的这种愤懑情绪也就有所缓和，代之而起的是一种合作精神。"

　　1953年，马丁遇到了一位来自亚拉巴马州的姑娘斯科特，她正在波士顿音乐学院学习声乐，打算成为一名歌唱家。马丁的能言善辩和洪亮的男中音使这位姑娘倾倒。他们结成了美满婚姻。1954年9月，马丁在波士顿大学毕业以后，和他的新娘迁到了亚拉巴马州的蒙哥马利市，成为当时一所浸礼会教堂的牧师。1955年他获得哲学博士学位。

　　1955年12月5日，在历来歧视黑人的蒙哥马利市，发生了一件惊人的种族争端：在一辆公共汽车上，一位叫萝莎·派克斯的黑人妇女，拒绝把座位让给一名白人乘客。她并不是要挑起纠纷，只是当时两腿酸痛，需要坐一会儿，所以才没有让座。这种"大逆不道"的行为在亚拉巴马州是决不能容忍的。公共汽车公司明文规定："白人坐在车的前部，黑人坐在后部，假如座位不够，黑人就得站起来让给白人。"界线分明，不能逾越。马丁当学生时，有一次也曾被迫把座位让出，他勉强抑制住满腔怒火，站着熬过90英里的旅途。不管是坐着还是站着，黑人乘客都受尽了欺凌和侮辱。黑人甚至不许和白人一起上车，在前车厢买好票后，必须下车再从后门上车。有时售票员搞恶作剧，黑人还没来得及上车，就让司机把车开走，把黑人乘客丢在马路上。这种把黑人当成低人一等的"贱民"的恶习是由来已久的了。派克斯太太不让座，当然不能为白人所容，她因此被判刑了。消息传出，激怒了受屈辱的黑人社会。马丁更是义愤填膺，他和一些有影响的黑人商人、牧师，决定采取行动，争取自由。他们号召黑人拒乘公共汽车24小时，要求公共汽车公司礼貌服务和保证乘客乘车到达目的地。但汽车公司拒绝这些合理要求。这就更加激起黑人群众的愤怒，蒙哥马利市5万黑人团结一致，坚持抵制运动。黑人领袖们组成了"蒙哥马利争取改善黑人待遇协会"，选举马丁为协会会长。

马丁在长达385天的抵制公共汽车运动中，不怕威胁和谩骂，也不顾住宅被扔进炸弹。他不屈不挠地领导着运动，使黑人群众斗志昂扬。一位黑人步行者说："我虽然两腿发酸，我的心却得到安慰。"斗争最后获得胜利：1956年12月，美国最高法院作出判决，宣布亚拉巴马州公共汽车实施的种族隔离规定是违反宪法精神的，并促使该州通过了第一个公民权利法案。

马丁通过这场斗争，一跃成为全国知名人士。但他谦虚地说："我十分担心，一个人刚满27岁就达到了顶峰，恐怕还有许多艰巨的工作在后头。人们会期望我在今后像魔术师一样，能从帽子里变出兔子来。"事实上，美国南方的黑人简直把他看成是新摩西，一个能率领黑人摆脱白人奴役的精神领袖。实际上，马丁并没有发动这场抵制运动，他也没有表现出自己是一名有特殊才干的组织者和谈判者，但他的确给抵制运动带来了某种比行政命令更为有力的东西。

他确定了这场运动的中心指导思想：我们所采取的方式，必须是以理服人，而不是使用暴力。仁爱必须是我们的指导思想。他的这些想法得到广大黑人群众的支持。因为他说，黑人也应具有人的尊严，他们也能有所作为，一旦团结起来就会产生无穷的力量。

斗争胜利的消息在南方各州不胫而走，鼓励了黑人群众在公共汽车、商店和其他公共设施里展开反对种族隔离的活动。从北卡罗来纳州到密西西比州，学生们举行静坐示威，抗议饭厅和柜台上的种族隔离规定。人们到处要求马丁在他们的组织中挂一个名，并以非暴力方式指导他们的行动。马丁慷慨地答应了，但结果他多次因此被逮捕坐牢。他曾3次被捕，3次坐牢，但这也是他斗争策略的一部分。

1956年，南方60多个抗议团体联合起来，成立了黑人牧师组织"南方基督教领袖大会"。他当选为首任主席。这个组织负责制订行动计划，并开办了一个专门训练非暴力战士的学校。虽说是"非暴力"的，但有些示威是流血的、惊心动魄的。

1960年，那些宣传反对种族歧视的青年"自由骑手"们，其中有黑人也有白人，跑遍了南方各州，结果他们遭到暴徒的殴打，许多人流了血，还有人因此献出了生命。

马丁和白人种族主义者作斗争是十分讲究策略的，他每次选择的战场总是可能引起当局作出灵敏反应的地方。他知道，当观众在电视屏幕上看到警察用高压水龙头冲击手无寸铁的群众，放出警犬咬伤女人和孩子们的时候，心里会产生什么样的效果。果然，社会舆论大哗。这迫使美国总统肯尼迪在1963年春的国会上提出了民权法案。这个法案后来在1968年获得通过。

1963年8月，他参加组织美国25万黑人"自由进军"华盛顿的示威游行，群众高呼"争取就业！""争取自由！"他在林肯纪念堂发表了震撼人心的演说。他说："我有一个梦想，那就是有朝一日，在佐治亚的雷德丘陵，昔日奴隶之子和昔日奴隶主之子能像兄弟那样，坐在一起。"他为这一梦想作出了努力，成为这一年美国《时代》周刊的第一号新闻人物。1964年他获得诺贝尔和平奖金。当他从奥斯陆接受和平奖金回国时，受到群众的热烈欢迎，在亚特兰大举行的"金博士宴会"上，各行各业的白人和黑人，在宴会上齐声高唱"我们一定胜利"的歌曲，向种族主义者显示自己的力量。

1965年1月，马丁在亚拉巴马州组织了示威群众为争取黑人选举权的斗争。这场斗争发生了流血事件，马丁被捕入狱，不久获释。这次斗争取得了成功，它促使该州通过了选举法案，还吸引了许多自由主义的白人，参加到斗争行列中来。

1968年4月，田纳西州的孟菲斯市发生了清洁工人罢工事件，马丁赶到那里声援。4月4日，在汽车旅馆的阳台上，他被一名叫詹姆斯·厄尔·雷的精神病患者枪杀，由此触发了席卷美国180多个城市的黑人抗暴斗争。

经过许多年的黑人斗争，他在演说中发表的"梦想"在某些方面有了进展。自从马丁去世以后，获得中学文凭和高等教育文凭的黑人增加了许多，通过选举担任领导职务的黑人也大大增加。许多大城市，从洛杉矶到芝加哥，从费城到底特律，都有黑人当市长。但是黑人的经济状况仍较差，据1984年统计，黑人总数的20%仍生活在贫困线以下。

1986年1月20日，全美国第一次举行了纪念马丁·路德·金的活动。他已成为继克里斯托弗·哥伦布和乔治·华盛顿之后，美国以一个联邦节日来纪念的第3个人和第1位黑人。联合国秘书长宣布，从1987年起，马丁·路德·金的生日将成为联合国纪念日之一。

马丁著有《阔步走向自由》《我们为何不能再等待》等书。他被害时年仅39岁。

诺贝尔经济学奖得主
——贝克尔

　　美国芝加哥大学教授加里·S·贝克尔（Gary S.Becker）由于把微观经济学的研究延伸人类行为及其相互关系上作了开创性贡献，所以成为1992年诺贝尔经济学奖的获得者。

　　贝克尔1930年出生在美国宾夕法尼亚州的波茨维尔。这是位于宾州东部的小采煤市镇。父亲是在16岁时离开加拿大蒙特利尔的家来到美国的。他先做生意，在美国东部迁移许多次，直到1920年才定居在波茨维尔，并且有了一家小企业。当贝克尔四五岁时，全家又迁到纽约布鲁克林。

贝克尔在布鲁克林上了小学和中学。他是一名好学生。在16岁以前，他对运动的兴趣要大大超过智力活动。但是，当学校的手球队和数学队在同一时间活动时，贝克尔不得不作出选择，舍弃其一。他选择了数学，尽管他的手球打得挺棒。

贝克尔的父母亲都只读了8年的书，家中也没有几本书。但是父亲常常阅读政治和金融的新闻报道。在父亲的视力大部分丧失以后，贝克尔就担负了给他读股票行情和金融发展的新闻报道，这引起了他对经济学的兴趣。

父母、兄弟姐妹之间，经常展开对政治和司法问题的自由讨论，这对贝克尔也产生了深远影响。读完中学时，他不仅对数学感兴趣，而且产生了一种做一些有益于社会事业的愿望。在普林斯顿大学读一年级时，这两种兴趣走到一起来了。当时，贝克尔偶然选修了一门经济学课程，并被一个研究社会组织主题的数学的严格性所吸引。接下来，他读了许多经济学书籍。

为了更快在经济上独立，在大学一年级结束时，贝克尔决定用3年时间毕业，这在普林斯顿大学是少有的选择。于是，在接下来的学期中，他要多学几门课程。后来，又选择了现代代数的微分方程课程。在普林斯顿大学对数学的重投入显然为以后的经济学研究打下了良好基础。

可是，在大学三年级时，贝克尔对经济学开始失去兴趣，因为它似乎并不想研究社会问题。在犹豫之中他决定去芝加哥大学做经济学研究生。1951年，贝克尔第一次上密尔顿·弗里德曼的微观经济学课，这使他恢复了对经济学的兴趣。弗里德曼强调经济学不是聪明的学者玩的游戏，而是分析真实世界的强大工具。他的课程充满了对经济理论的结构及其在实际和重要问题的应用的深刻见解。这门课程和以后与弗里德曼的接触，对贝克尔的研究方向具有深刻的影响。

在芝加哥有一群第一流经济学家做创新研究，弗里德曼显然是精神领袖。

1952年，贝克尔根据自己的研究发表了两篇文章。但是到芝加哥后不久，他就感觉到必须开始再次学习什么是经济学。直到1957年，他与弗里德曼合写的一篇文章发表，并用博士论文出版了一本书。这本书包含利用经济理论分析偏见，对少数人的收入、就业和职业问题，作了第一次系统性阐述。它使贝克尔走上了应用经济学与社会问题的道路。此书在少数几种重要的刊物中受到好评，但若干年中并未对任何事情产生有效的影响。在贝克尔心灰意懒时，他获得了来自弗里德曼等优秀经济学家的支持。他们认为他写了一本重要的书。

　　3年的研究生学习后，贝克尔成为芝加哥大学的一名助理教授。他的教学任务并不重，所以能够集中精力作研究。这时，他感到如果离开鸟巢就必须靠自己筑巢，在精神上就得更加独立。3年以后，他决定放弃芝加哥大学的丰厚薪金，到哥伦比亚大学得到一个相似的任职，并在曼哈顿国民经济研究所工作。这是一个正确决定。因为比起留在芝加哥大学，他得到了发展，有了较大的独立性和自信心。

在12年中，贝克尔合理分配自己的时间，用于哥伦比亚大学教学和研究所的工作上。在研究所工作的第一个产品是关于人力资本的书。在此期间，贝克尔还写了关于时间配置，罪与罚以及无理性行为等方面的文章，这些论文后来经常被人们写文章时引用。

在哥伦比亚大学，贝克尔创建了一个劳动经济学和有关学科的教研室。这个教研室是在芝加哥大学首创的，这是个指导博士研究的教研室。在这里，有一个很激动人心的工作环境和气氛，因而吸引了哥伦比亚大学的大多数最优秀的学生。对于贝克尔所作的人力资本的研究，这个题目在广大经济学界没有得到足够的重视之前，学生们已经发现它非常有趣。他们还对时间配置和研究前沿的其他题目进行了探讨。

1968年，贝克尔决定离开哥伦比亚大学。1970年他回到芝加哥大学，发现那里的气氛令人鼓舞。这时，他的主要工作是研究家庭。很早以前，贝克尔曾利用经济理论设法理解出生率和家庭规模。而这时，开始考虑全套家庭问题：结婚、离婚、对其他成员的利他主义、父母对子女的投资以及家庭做的事情的长期变化。1970年之后，贝克尔发表了一系列文章，到1981年出版《家庭论》一书，由于他的积极工作，1991年《家庭论》又出版了增订版。他的这类研究，长时间被大多数主要经济学家们忽视或不满。他被认为是"不务正业"，不是一名真正的经济学家。但是较年轻的经济学家比较理解他。他们可能不同意贝克尔的分析，但是承认他所研究的那类问题是完全合法的。

很长时间里，贝克尔只出版专业书籍和在专业期刊中发表专业文章。但是在1985年，《商业周刊》杂志建议他每月写一个专栏，这使他很惊讶。他怕自己不能为一般读者写作，觉得应该放弃这项建议。但是最后，他同意作为试验写一些专栏文章。这是一项聪明的决定，它迫使贝克尔学习如何写经济和社会问题，而不用专业名词，并且每篇只用800个词。做这件事大大改善了他用简短语言、简短地讨论重要题目的能力。而且，每个月必须写一篇专栏的压力，也使他保持接触那些使杂志的商业和专业读者有兴趣的许多题目。

1992年12月7日，贝克尔出席了瑞典皇家科学院举行的记者招待会。他中等身材，瘦削，然而白发下的双眼炯炯有神，显得精明、干练。他不以大经济学家自居，说话直爽。

是他第一个把经济学引申到社会学中去。当人们用诸如社会学、人口统计学、犯罪学等社会科学学科的理论分析社会中的问题时，贝克尔却用经济学理论分析社会中的问题。对于人们的怀疑态度，他说，作为经济学家应该坚持自己正确的观点，不要因循守旧，也不要人云亦云，更不能见风使舵。经过多年实践，证明贝克尔的观点和方法是对的，现已普遍被经济学家所接受。贝克尔用一句话来概括他的研究工作："我努力要做的是，把经济学的想法用来解决社会中的问题。"

贝克尔认为，个人行为遵照着相同的基本原则，也就是说，遵照着一种经济准则。他借用萧伯纳的一句名言说："经济是创造人类大部生活艺术。"他运用这种经济准则分析人类行为的4个领域：人力资本、家庭表现、犯罪与惩罚、劳务与商品市场的歧视。

　　贝克尔说，他目前重点研究教育和家庭问题。他说，教育构成了人力资本的重要方面。若一个国家重视智力投资，重视教育，无疑将对这个国家的经济发展产生重大影响和带来巨大利益。一些国家，包括瑞典在内，增加教育投资，发展成人教育，进行职业培训，这是开明之举。在工资结构和劳务收入分配上，一定要视每个人受教育的程度而有所区别。他还说，随着现代经济的发展和工资水平的提高，家庭中的部分职能转移到学校、公司或其他公共机构中去，因而使发达国家出现了妇女就业多、妇女受教育提高、离婚率高、少生孩子的趋势。每个人在家庭中的行为也是受获取最大经济利益支配的。他指出，加强竞争是消除种族和性别歧视的根本途径。他还强调说，为制止和减少犯罪，就应当加强法制，但是惩处要得当。

回首20世纪以来的
诺贝尔奖（1901—1995）

　　从1901年首次颁发诺贝尔奖金，至1995年的95年来（除二次世界大战期间暂停以外）坚持每年发奖。

　　从1969年起，瑞典中央银行增设了诺贝尔经济学纪念奖，每年由这家银行提供与当年诺贝尔奖相同数额的奖金，交由诺贝尔基金会统一使用。至此，诺贝尔奖金共有和平、文学、物理学、化学、生理学或医学、经济学6种。后4种组成了诺贝尔科学奖。至今，全世界已有661人获奖。

获奖人的推选过程，是先由世界各个著名学术团体组织，或曾经获得诺贝尔奖金的个人推荐，在每年2月份集中名单后再分发给世界各地有关的学术机构、大学、研究所，广泛征求意见，然后由各个奖金委员会的成员进行秘密投票选定。投票过程不得外传。每年10月中旬公布得奖人名单，每项奖金赠与1—3人。

在宣布当年的诺贝尔奖金获得者以后，立即通知其本人准备演说、自传及照片，以便参加12月10日举行的诺贝尔奖颁奖仪式。

每一位诺贝尔奖获奖者都可得到一笔巨额奖金、一枚金质奖章和一份荣誉证书（奖状）。奖金的数额由于通货膨胀而逐年增高。在最初的几年里为3万多美元；20世纪60年代为7.5万美元；1980年达22.2万美元；1995年为720万瑞典克朗，相当于100多万美元。奖金的实际使用价值基本相同。

金质奖章约重半磅，内含黄金23克拉。直径约6.5厘米。奖章的正面是诺贝尔的浮雕像，左侧镌刻诺贝尔的姓名，右侧则用罗马数字标明他出生和逝世的年月。物理学和化学奖章的背面刻着爱西斯女神，旁边则有一个手持代表财富和智慧的号角的圣母。她正在轻轻拂去女神的面纱。在竖立女神和圣母的基石上镌刻着得奖人的姓名和得奖年份。在女神的左侧刻有以拉丁文书写的"自然"一词，圣母的右侧则为"科学"一词，下面还有瑞典科学院的简称。奖章背面上部的周缘上还镌有一段既可说是颂扬诺贝尔本人，也可说是赞美得奖人的铭文：

"多么仁慈而伟大的人物，人们仰赖他的贡献和发现，使得人们的智慧和生活更为充实。"

每份获奖证书的设计各有其独特风格，上面印有得奖人的姓名，周围则点缀着与得奖内容有关的实验装置。例如，在首届物理学奖得奖人伦琴的获奖证书上，就绘有他发现X射线所用的气体放电管；而在居里夫妇获奖证书的边框则绘有象征诺贝尔的N型花草，饶有情趣。

在每年发奖仪式后，诺贝尔基金会即将当年各项奖金得奖人的成果介绍，自传、获奖演说、本人照片、奖章和获奖证书的照片汇集成册，刊印"诺贝尔奖金"纪念册羊皮书，赠送给历年来的得奖人，直到其逝世为止。这被科学界视为极为珍贵的纪念品。

最年轻的获奖者是英国物理学家威廉·劳伦斯·布拉格。他在1915年与父亲以X射线衍射研究晶体结构的卓越贡献，得到诺贝尔物理学奖。他当时年仅25岁。最年长的获奖者是美国的微生物学家佩顿·劳斯。他在1909年发现鸡的肿瘤病毒，但直到他87岁时，才荣获诺贝尔生理学或医学奖。

在一生中两次荣获诺贝尔奖的共有4人，其中有3人两次获得诺贝尔科学奖。他们是居里夫人、巴丁和桑格。举世闻名的物理学家、化学家居里夫人，同她丈夫皮埃尔·居里一道，先以发现放射性现象，与贝克勒尔分享1903年物理学奖；继而又在1911年以发现镭和钋，提炼出镭和研究镭的化合物，独得化学奖。美国物理学家巴丁则以两度荣获物理学奖著称。他先在1956年与布拉坦和肖克莱因发明和发展了晶体管得奖；后来巴丁又与他的学生库珀、斯里弗共同提出超导微观理论，分享了1972年的物理学奖。英国生物化学家桑格由于确立胰岛素分子结构得到了1958年化学奖；在相隔22年以后，桑格又以其在决定核酸结构方面作出的贡献，再次得到1980年化学奖。

另外，1954化学奖的获得者美国化学家波林，在1963年又因其倡议反对原子战争而荣获和平奖。

在得到诺贝尔科学奖的科学家中间，曾有三对夫妻双双获奖：居里夫妇以发现放射性现象荣获1903年物理学奖；他们的大女儿伊伦和女婿弗立德里克·约里奥—居里因首次制造出人造放射性元素，获得1935年化学奖；在捷克出生的美国生物化学家卡尔·科里和格蒂·克里夫妇，由于在药物化学分析上的研究，以及发现淀粉转变为糖的催化方法，被授予1947年生理学或医学奖。

除了上面所说的玛丽·居里夫人，伊伦·居里和格蒂·科里这3位女科学家之外，第4位获奖的女科学家是美国物理学家梅耶夫人。她因提出原子核壳层模型荣获1963年物理学奖。继她们之后，英国化学家霍奇金夫人，因应用X射线衍射分析方法，测定维生素B_{12}的分子结构和测定了青霉素，及其某些化合物的晶体结构，领取了1964年化学奖。美国女科学家罗赛琳·雅罗，由于创立了放射免疫测定，获得1977年生理学或医学奖。1986年，生于意大利的美国女科学家丽塔·莱维·蒙塔尔奇尼博士，因发现神经生长因子而获得这一年的生理学或医学奖。德国的克里斯安·努斯来恩·沃尔哈德女士，于1995年获生理学或医学奖。

居里家族获得诺贝尔奖最多。皮埃尔·居里和玛丽·居里得过一次物理学奖，以后玛丽·居里，伊伦·约里奥·居里和弗立德里克·约里奥·居里又得到了两次化学奖。居里夫人的次女艾芙的丈夫美国人拉卓斯，以其担任联合国儿童基金会主任，代表单位获得了1965年诺贝尔和平奖。

在诺贝尔科学奖获得者名单上，有5对父子。但至今为止，其中只有1对父子共同分享同一项诺贝尔科学奖，其余4对父子，都是父子分别由于不同项目获奖。父子共同获奖的是英国物理学家威廉·亨利·布拉格和他的儿子威廉·劳伦斯·布拉格。他们在1915年共同获得物理学奖，奖励他们用X射线从事晶体结构研究，提出以他们的名字命名的定律。分别获奖的第一对父子是英国人，父亲叫约瑟夫·约翰·汤姆逊，因其对于气体放电的研究，发现电子而荣获1906年物理学奖；儿子乔治·派及·汤姆逊则因发现电子在晶体中的衍射现象被授予1937年物理学奖。第二对父子是丹麦人，父亲是尼尔斯·玻尔，他由于提出量子化轨道理论，建立原子的"玻尔模型"，获得1922年物理学奖；他的儿子埃加·玻尔则以提出原子核结构的集体模型理论得到1975年物理学奖。第三对父子是瑞典人，儿子是荣获1970年生理学或医学奖的瑞典生理学家乌尔夫·冯·欧拉，他因发现神经传输机制而夺得桂冠；他的父亲汉斯·冯·欧拉·歇尔平曾因发酵酶化学研究得到1929年的化学奖。第4对父子也是瑞典人，儿子是物理学家凯·塞格巴恩，他由于研究并发展了高分辨电子谱技术而荣获1981年的物理学奖；他的父亲卡尔·曼·塞格巴恩曾因发展了精确测量X射线波长技术，在X射线光谱学的研究上作出贡献被授予1924年物理学奖。

　　荷兰的廷伯根兄弟是获得诺贝尔科学奖的第一对

兄弟。哥哥贾·廷伯根由于运用数学模型分析经济，创立了计量经济学，在1969年荣获首次经济学奖；弟弟尼克拉斯·廷伯根则因为对生态学和动物行为的研究，得到1973年生理学或医学奖。

诺贝尔科学奖获得者中还有翁婿。德国有机化学家海因里希·奥托·维兰德因研究胆汁酸及类似物质的结构，得到1927年诺贝尔化学奖。他的女婿德国有机化学家菲奥多·吕南，比他岳父迟37年，以发现脂肪酸代谢机理被授予1964年生理学或医学奖。美国微生物学家弗里德里克·罗宾斯，在1954年获生理学或医学奖，表彰他发现在试管内培养小儿麻痹症病毒的方法。他的导师、岳父是美国生物化学家约翰·霍华·诺思罗普，曾以制得结晶酶和病毒蛋白酶领取了1946年化学奖。另有一对翁婿，岳父是美国微生物学家佩顿·劳斯，因发现鸡的肿瘤病毒得到1966年生理学或医学奖，而他的女婿英国生理学家艾伦·霍奇金，则比他早3年得到了生理学或医学奖，奖励他发现钠、钾离子在神经细胞中的传递功能所作出的贡献。

在诺贝尔科学奖得奖人中，有4名是有中国血统的美籍华人。他们是杨振宁、李政道、丁肇中和李远哲。杨振宁和李政道因他们提出在弱相互作用下宇称不守恒理论被推选获1957年物理学奖。丁肇中以发现 J/Ψ 新粒子荣获1976年物理学奖。李远哲因研究交叉分子束方法，并将该方法用于较大分子的重要反应而获1986年化学奖。

诺贝尔科学奖已被举世公认为当今科学界的最高奖赏，获奖者都是科学界的精英，其业绩为科学家所敬仰和羡慕，他们更是青年科学家努力学习的榜样。

"名师出高徒"。在诺贝尔科学奖的获奖者中，不乏师生同领奖金的例子：因发现反质子荣获1959年物理学奖的埃密里奥·赛格雷和奥温·张伯伦是从事基本粒子实验研究的一对亲密的师生。约瑟夫·厄兰格和他的学生赫伯特·斯宾塞·加塞，由于发现单神经纤维的功能，分享了1944年生理学或医学奖。因发现贫血病的肝脏疗法，获得1934年生理学或医学奖的乔治·里查德·迈诺特和威廉·派莱·墨菲也是一对师生。分享1954年生理学或医学奖的是3位美国微生物学家，约翰·富兰克林·恩德斯是托马斯·赫克勒·韦勒和弗立德里克·查普曼·罗宾斯的恩师。他们以发明在试管内培养小儿麻痹病毒的方法而得奖。此外，还有乔宣·莱德伯格与他的老师爱德华·劳利·塔特姆，因对生化遗传的贡献得到1958年的生理学或医学奖。1959年的生理学或医学奖亦为一对师生所得，但他们由于不同的和独立的研究而分享奖金——老师是出生于西班牙的美国生物化学家塞凡罗·奥乔亚，用酶促法合成核糖核酸得奖，学生是美国生物化学家亚瑟·科恩伯格，以人工合成脱氧核糖核酸而得奖。

英国剑桥大学的卡文迪许实验室，有"诺贝尔奖金获得者摇篮"的美誉，是目前培养最多的诺贝尔奖金获得者的科学研究机构。卡文迪许实验室有3位主任获诺贝尔奖金，他们又给后来者以高水平的指导。约瑟夫·约翰·汤姆逊在其担任主任期间培养出了8位诺贝尔奖获得者，其中有最著名的获1908年化学奖的恩奈斯脱·卢瑟福。他以对放射性研究的贡献而得奖。卢瑟福继任主任后，更致力于培养人才，他从来不给一个人一个以上的题目，永远不把一个人放在无用的研究项目上。他以其丰富的研究经验，精湛的实验技术，深刻的科学预见，及时而有效地指导学生，使他们迅速地获得成功。卢瑟福手下的学生中有12位得到了诺贝尔奖。例如，因发现中子得到1935年诺贝尔物理学奖的詹姆士·查德威克就是在卢瑟福指导下用 α 粒子轰击铍发现了中子。由于用人工加速的质子撞击原子核，实现人工核蜕变得到1951年物理学奖的约翰·道格拉斯·科克罗夫特和恩奈斯脱·托马斯·瓦尔顿，也曾受教于卢瑟福的门下。

卡文迪许实验室的另外一位主任，是以研究磁体和无序体系物质电子结构的理论获得1977年物理学奖的英国固体物理学家纳维尔·弗朗西斯·莫特。在其担任主任期间培养了白利安·大卫·约瑟夫逊。他因预言固体中的隧道效应，即约瑟夫逊效应而得到1973年的物理学奖。

卡文迪许实验室的两位生物物理学家弗朗西斯·哈瑞·克里克和姆里斯·休士·威尔金斯，则因对核酸的双螺旋结构的贡献，得到1962年生理学或医学奖。另外，还有在卡文迪许实验室工作的两位天文学家荣获1974年物理学奖：马丁·赖尔因发明综合孔径射电望远镜得奖；安东尼·休伊什则以发现脉冲星荣获桂冠。

荣获1938年物理学奖的人造放射性的制造者、出生于意大利的美国物理学家恩里科·费米，曾经培养了好几名物理学奖获奖人。他们是用磁感应法实现核磁共振得到1952年物理学奖的费立克斯·布洛赫、前面已经提到的埃密里奥·赛格雷、奥温·张伯伦、李政道、杨振宁，以及由于对核反应学说的贡献，特别是关于恒星能源来自热核反应的理论被授予1967年物理奖的汉斯·贝蒂。

另外一个有名的实验室是劳伦斯辐射实验室。发明回旋加速器获得1939年物理学奖的恩奈斯脱·劳伦斯，在美国伯克利加利福尼亚州立大学建立了劳伦斯辐射实验室。该室已经培养了8名诺贝尔奖获奖者——因发现超铀元素得到1951年化学奖的埃德温·麦克米伦和格伦·西博格；发现反质子而荣获1959年物理学奖的埃密里奥·赛格雷和奥温·张伯伦；发明气泡室得到1960年物理奖的唐纳德·格拉塞；创立用放射性元素^{14}碳测定年代方法的维拉德·利比获得1960年化学奖；梅尔·卡尔文则以研究植物中二氧化碳的光合作用得到1961年化学奖；用氢气泡室发现大量共振态被颁赠1968年物理学奖的路易斯·阿尔瓦雷兹。

伊西陶·伊沙克·拉比因用共振方法精确测定核自旋和核磁矩，得到1944年物理学奖。他受到比他早一年得到物理学奖的奥托·斯特恩的指导，而且拉比还曾受业于1945年物理学奖的沃尔夫岗·泡利的门下。作为高徒的拉比成为名师后，在哥伦比亚大学实验室指导了两位采用共振方法赢得1955年物理学奖的科学家，他们是发现氢光谱精细结构的威利·尤金·兰姆和精确测定磁矩的波利卡普·库什。早在拉比获奖的前8年，拉比偶然遇到了当时年仅18岁的朱利安·施温格。他发现施温格具备有条不紊的思考能力和逻辑严密的论述能力。拉比迅速使施温格进入自己门下，施以谆谆教导，施温格不负恩师厚望终以量子电动力学的杰出成就，获得1965年物理学奖。而施温格的得意弟子薛尔东·格拉肖，以弱相互作用和电磁相互作用的统一理论，荣获1979年物理学奖。为此，拉比被公认为科学界的伯乐。

诺贝尔奖金师徒相承的最长时间是延续了5代科

学家。它开始于德国化学家威廉·奥斯特瓦尔德，他对催化剂、化学平衡和化学反应的研究作出了贡献，以此被颁赠1909年化学奖。他的学生，德国物理化学家瓦尔特·能斯脱在1920年由于对化学热力学理论的贡献得到化学奖。能斯脱又培养了美国物理学家罗伯特·密立根。由于测量电子电荷和光电效应的贡献，密立根得到1923年物理学奖。因发现正电子在1936年得到物理学奖的卡尔·安德逊，则是密立根在加州理工学院的学生。后来，安德逊又培养了唐纳德·格拉塞。格拉塞发现了气泡室，被推选为1960年物理学奖的得奖人。

以上的事实为我们展现了一幅夫妻携手、兄弟致力、父子共进、师生同搏的继往开来的雄伟历史画卷。

从一定意义上说，100多年的颁奖历史又是一部反映20世纪以来科学技术和和平与文学事业重大发展的编年史。颁奖的实践体现了诺贝尔当年设置奖金的遗愿，激励了一批又一批科学家、政治家、文学家以毕生精力从事研究和实践，有力地促进了科学技术与和平和文学事业的全面发展。

世界五千年科技故事丛书